美军数据化建设法规译丛

美国国防部
信息收集与共享法规制度

贾 卫 张 强 | 主编

贾 卫 张 强 李功淼
田 东 王 辉 柴卓慧 | 编译
李 萍 夏 亦 朱 旭

金城出版社有限公司 · 北京

图书在版编目（CIP）数据

美国国防部信息收集与共享法规制度 / 贾卫，张强主编 . —
北京：金城出版社有限公司，2020.6
（美军数据化建设法规译丛）
ISBN 978-7-5155-2025-4

Ⅰ . ①美… Ⅱ . ①贾… ②张… Ⅲ . ①信息管理－国防法－美国
Ⅳ . ① D971.221.2

中国版本图书馆 CIP 数据核（2020）第 093687 号

美国国防部信息收集与共享法规制度

主　　编　贾　卫　张　强
编　　译　贾　卫　张　强　李功淼
　　　　　　田　东　王　辉　柴卓慧
　　　　　　李　萍　夏　亦　朱　旭
责任编辑　郝俊伟
责任校对　张纯宏
责任印制　李仕杰
开　　本　710 毫米 ×1000 毫米　1/16
印　　张　18
字　　数　210 千字
版　　次　2020 年 6 月第 1 版
印　　次　2020 年 6 月第 1 次印刷
印　　刷　天津旭丰源印刷有限公司
书　　号　ISBN 978-7-5155-2025-4
定　　价　58.00 元

出版发行　**金城出版社有限公司**　北京市朝阳区利泽东二路 3 号
　　　　　　邮编：100102
发 行 部　(010) 84254364
编 辑 部　(010) 64228516
总 编 室　(010) 64228516
网　　址　http://www.jccb.com.cn
电子邮箱　jinchengchuban@163.com
法律顾问　北京市安理律师事务所（电话）18911105819

目录 | Contents |

国防部指示 DoDI 8910.01

信息收集与报告

1. 目的

a. 根据国防部指令 DoDD 5144.02（关联文件 b）的授权，重新发布国防部指示 DoDI 8910.01（关联文件 a）。

b. 根据《美国法典》（U.S.C.）（关联文件 C）第 44 卷第 35 章，制定并重新发布政策，并分配收集信息和控制文书工作负担的责任。

2. 适用性

a. 本指示适用于：

（1）国防部、军事部门、参谋长联席会议主席办公室和联合参谋部、作战司令部、国防部监察长办公室、国防机构、国防部现场活动，以及国防部内的所有其他组织实体（在本指示中统称为“国防部部门”）。

（2）从联邦政府外部以及国防部内部收集的信息。

（3）为满足法定和机构间需求而收集的信息，以及支持所有管理职能的信息，除非国防部手册 DoDM 8910.1-M（关联文件 d）中未包括在内。

b. 本指示不适用于：国防部作为国会答辩人的信息收集。主管立法事务的助理国防部长负责管理国防部响应国会请求的信息收集要求的批准。国会要求的信息收集政策、程序和指南见 DoDI 5545.02（关联文件 e）。

c. 不涉及根据《美国法典》第 5 卷附录 3（关联文件 f）进行信息收集（审计、评估、调查等）的审批流程。这些审计、评估、调查等的政策、程序和指南见 DoDI 5106.01（关联文件 g）。

3. 政策

国防部的政策是：

a. 在收集信息之前，要求提供信息的用户必须确保要收集的信息不会与现有信息重复。当信息不可用，从而必须进行信息收集时，信息收集请求者必须确保：

（1）不能使用将信息收集负担降至最低的其他方法（如统计抽样）。

（2）信息收集请求对请求组织的任务至关重要，收集信息的收益大于收集信息的成本。

b. 信息收集的设计必须只满足必要的需要，并且尽可能降低信息收集的频率，并有合理的截止日期。准备的份数必须保持在最低限度。当指示需要定期信息收集时，不能强制实施一次性信息收集。

c. 从国防部长办公室和国防部部门以及其他联邦机构收集的信息必须最小化，附有说明，并进行有效的控制。

（1）联邦法规第 5 卷第 1320 部分（关联文件 h）规定，公共信息收集应提交给管理和预算办公室批准，分配一个管理和预算办公室控制编号，向管理和预算办公室提交一份年度信息收集预算（按工时计）。

（2）请求的国防部长办公室或国防部部门内部的信息收集必须得到批准，并分配部门信息收集控制符号。

（3）在收集跨国防部长办公室或国防部部门的信息时，国防部信息收集必须根据关联文件（d），在收集此类信息之前获得国防部内部信息收集报告控制符号。

（4）机构间信息收集需求必须按照关联文件（d）处理。

d. 国防部长办公室和国防部部门不得对未经批准和许可的信息收集作出响应。经过批准和许可的信息收集必须带有信息收集控制符号。

e. 根据 DoDI 5200.01（关联文件 i）的规定,需要特殊处理的信息收集，如机密和受控非机密信息，必须防止未经授权的披露。

f. 根据 DoDD 5400.11［关联文件(j)］和 DoD 5400.11-R［关联文件(k)］，包含个人信息的信息收集需要特殊处理。建议收集的信息中包含的此类信息必须按照 DoDD 5400.07［关联文件(l)］的规定向公众开放。确保只有在必要时才获取和维护电子形式的个人信息，并确保正在开发和使用的辅助信息技术保护和维护公众的隐私，信息收集的隐私影响评估必须按照 DoDI 5400.16（关联文件 m）进行。

g. 当信息收集已通过批准并获得信息收集控制符号的许可，并且信息已被收集时，必须使其可见、可用并仅对授权人员可用。

4. 责任

见附件 2。

5. 可释放性

无限制。

6. 生效日期

本指示：

a. 2014 年 5 月 19 日生效。

b. 根据 DoDI 5025.01（关联文件 n）的规定，必须在其出版后 5 年内重新发行、取消或认证为有效。

c. 将于 2024 年 5 月 19 日到期，如果未按照关联文件（n）重新发布或取消，则从国防部发布网站上删除。

目　录

附件 1　关联文件

(a) 国防部指令 8910.01，“信息收集和报告”，2007 年 3 月 6 日，经修订（特此取消）

(b) 国防部指令 5144.02，“国防部首席信息官（国防部 CIO)”，2013 年 4 月 22 日

(c) 美国法典第 44 卷第 35 章

(d) 国防部 8910.1-M，“国防部信息要求管理程序”，1998 年 6 月 30 日

(e) 国防部指令 5545.02，“国防部国会授权和拨款报告要求政策”，2008 年 12 月 19 日

(f) 美国法典第 5 卷附录 3，“1978 年监察长法”，修订版

(g) 国防部指令 5106.01，“国防部（IG DoD）监察长”，2012 年 4 月 20 日

(h) 联邦法规第 5 篇第 1320 部分

(i) 国防部指令 5200.01，“国防部信息安全计划和敏感分区信息保护”，2008 年 10 月 9 日，修订版

(j) 国防部指令 5400.11，“国防部隐私计划”，2007 年 5 月 8 日，修订版

(k) 国防部 5400.11-R，“国防部隐私计划”，2007 年 5 月 14 日

(l) 国防部指令 5400.07，“国防部信息自由法案（FOIA）计划”，2008 年 1 月 2 日

(m) 国防部指令 5400.16，“国防部隐私影响评估（PIA）指南”，2009 年 2 月 12 日

（n）国防部指令 5025.01，“国防部指令计划”，2012 年 9 月 26 日，修订版

（o）国防部指令 1100.13，“国防部人员调查”，1996 年 11 月 21 日

（p）指令型备忘录（DTM）12-004，“国防部内部信息收集”，2012 年 4 月 24 日，修订版

（q）管理和预算办公室（管理和预算办公室）备忘录 M-13-13，“开放数据政策 - 作为资产管理信息”，2013 年 5 月 9 日

（r）2011 年 3 月 14 日，国防部长备忘录，“跟踪四项效率计划决策”

（s）国防部指令 3216.02，“国防部支持的研究中对人类受试者的保护和对伦理标准的遵守”，2011 年 11 月 8 日

（t）国防部指令 5015.2，“国防部记录管理计划”，2000 年 3 月 6 日

（u）国防部 8400.01-M，“确保国防部组织采购的电子和信息技术（E&IT）的可访问性的程序”，2011 年 6 月 3 日

（v）国防部指令 8550.01，“国防部互联网服务和基于互联网的能力”，2012 年 9 月 11 日

（w）国防部指令 8500.01，“网络安全”，2014 年 3 月 14 日

（x）国防部指令 8510.01，“国防部信息技术（IT）风险管理框架（RMF）”，2014 年 3 月 12 日

（y）国防部指令 7750.07，“国防部表格管理计划”，2007 年 4 月 20 日，修订版

（z）国防部手册 7750.07-M，“国防部表格管理程序手册”，2008 年 5 月 7 日，修订版

（aa）国防部指令 1000.30，“国防部内社会保障号码（SSN）使用减少”，2012 年 8 月 1 日

附件 2　责任

1. 国防部首席信息官

根据关联文件（b），国防部首席信息官的责任是：

a. 为国防部内部、机构间和公共信息收集活动制定和建立国防部政策。

b. 建立符合关键任务需求的目标，以减少国防部内部和公共信息收集的数量和频率。

c. 监督国防部信息收集削减目标的实现。

d. 批准国防部信息收集预算并监督其执行。

2. 主管人事和战备的国防部助理部长

根据 DoDI 1100.13［关联文件（o）］和本指示中规定的程序，主管人事和战备的国防部助理部长的责任是：

a. 就定义为国防部内部或公共信息收集的所有调查提供强制性协调，依据合关联文件（o），向华盛顿总部服务服务处主任提出建议，以决定信息收集请求是否获得批准。如果主管人事和战备的国防部助理部长的协调，导致信息收集请求未得到批准，则该信息收集请求采用的调查工具或方法不能用于在任何已获得许可的国防部内部或公共信息收集中。

b. 在最终批准前评估所有调查是否符合适用的法律、法规和政策。对于国防部内部信息收集，国防部内部信息收集官根据关联文件（d）和指令类型备忘录 12-004［关联文件（p）］授予最终批准，并向信息收集分配报告控制符号。对于公共信息收集，管理和预算办公室是最终的批准机构，并为信息收集分配一个管理和预算办公室控制号。

3. 华盛顿总部服务部主任

在行政及管理署署长的授权、指示及控制下，华盛顿总部服务部主任的责任是：

a. 保持本指示与关联文件（d）一致，并与关联文件（n）一致。

b. 建立国防部信息收集控制活动，以：

（1）维护经批准的国防部公共信息收集和国防部内部信息收集的索引。

（2）根据关联文件（c）和（h）的要求，负责国防部信息收集管理。办公室的运行，并制定和协调国防部信息收集预算。国防部公共信息收集工作人员在国防部信息收集管理办公室领导下展开工作。国防部信息收集管理办公室处理和认证国防部公共信息收集，并与国防部首席信息官办公室协调，批准向管理和预算办公室提出的公共收集紧急处理请求。

（3）根据关联文件（d）和（p）以及本指示的指导，作为国防部内部信息收集的记录管理机构，以及国防部内部信息收集请求的审批机构。国防部内部信息收集工作人员在所述机构中展开工作，负责批准由国防部部长办公室和国防部各部门提交的国防部内部信息收集请求，并分配信息收集报告控制符号。

4. 国防部长办公室和国防部部门负责人

国防部长办公室和国防部部门负责人的责任是：

a. 仅对具有合法国防部内部信息收集报告控制符号的信息收集作出响应，或为公共信息收集分配管理和预算办公室控制编号。对于某些信息收集而言，可能根据关联文件（d）不能被视为国防部内部信息收集，或者根据关联文件（e）需要作为国会信息收集进行跟踪。上述两种情况的信息收集不属于国防部长办公室和国防部部门负责人的责任范畴。

b. 收集符合管理和预算办公室备忘录 M-13-13（关联文件 q）要求的信息。

（1）设计新的信息收集，以便收集或创建的信息支持信息系统之间的互操作性，并酌情向公众传播信息，而无须操纵或重新处理信息。

（2）使用机器可读和开放的数据格式、数据标准，以及可扩展元数据，为所有新的信息创建收集工作。

（3）对收集或创建的信息应用开放式许可证，以便于在数据公开时，数据的复制、发布、传输、改编或以其他工作得以顺利展开。

c. 确保信息收集请求者能够证明新的信息收集是正确的，并且该信息尚未从其他来源获得。为降低成本和负担，必须确保数据不重复或不必要地生成。

（1）根据现有信息收集中的信息评估和筛选程序，审查信息收集请求中的每个数据元素，以确定现有信息是否能够满足要求。

（2）根据国防部长备忘录（关联文件 r），使用国防部成本指南，对每一个新的或修订的信息收集请求进行成本分析。

d. 根据关联文件（c）第 3510 节，确定收集的信息是否可从国防部长办公室或国防部部门发布给其他联邦机构。

e. 根据关联文件（d），任命一名国防部长办公室或国防部部门信息管理控制官。

国防部长办公室或国防部部门信息管理控制官的责任是：

(1) 作为国防部长办公室或国防部部门信息收集项目的主要联络点。

（2）确保需要收集个人识别信息的信息收集按照关联文件（j）进

行审查。

（3）确保按照关联文件（m）进行个人识别信息的电子收集。

（4）确保根据 DoDI 3216.02（关联文件 s）的要求，审查包括涉及人类受试者的研究在内的信息收集。

（5）确保对信息收集过程中创建的记录进行适当的生命周期管理。收集的信息必须按照 DoDD 5015.2（关联文件 t）进行维护、使用、保存和处置。

（6）确保信息以可访问性的格式和方法收集和提供，以符合 DoDM 8400.01-M（关联文件 u）的要求。

（7）提供对收集的信息进行有效管理、控制和保护。信息收集行为，包括通过计算机系统或电子格式收集的信息，在传输、存储和处理过程中必须按照关联文件（m）、DoDI 8550.01（关联文件 v）、DoDI 8500.2（关联文件 w）和 DoDI 8510.01（关联文件 x）进行适当保护。需要特殊处理的信息收集，如机密和控制非机密信息，必须按照关联文件（i）的规定防止未经授权的披露。

（8）确保按照 DoDI 7750.07（关联文件 y）和 DoDM 7750.07-M（关联文件 z）的要求，审查应作为国防部表格控制的信息。

（9）确保根据 DoDI 1000.30（关联文件 aa）收集社会保险号码是合理的。

（10）通过指定部门内部信息收集符号（如适用），授权国防部长办公室或国防部部门内部信息收集。取消不再需要的国防部长办公室或国防部部门内部信息收集。确保信息控制符号的合法性，应当由上级分配的信息控制符号，不得由下级组织分配。

（11）通知提出信息收集请求的部门，在收集信息之前必须获得批准和分配信息控制符号，并在遇到未经授权或过期的国防部内部信息收集时，通知国防部内部信息收集官。

（12）根据关联文件（d），向华盛顿总部信息管理部的国防部公共信息收集官，提交公共信息收集请求，并向华盛顿总部指令司的国防部内部信息收集官提交国防部内部和机构间信息收集请求。

（13）维护国防部长办公室或国防部部门信息收集的最新索引。如有必要，向国防部内部信息收集官提供这些记录的副本。

f. 根据关键任务需要，酌情制定目标，以减少其内部规定的信息收集次数或频率。

g. 确保国防部长办公室或国防部部门至少每 3 年评估一次其信息收集活动，以确保它们仍然是必要的。可行时，必须采取行动取消不必要的信息收集，或修改信息收集程序，以减轻负担。

附件 3　关键概念的定义

这些概念适用于本指示。

1. 负担

个人为联邦机构披露或提供信息而花费的总时间、精力或财政资源，包括：

因信息收集而必须查看的相关说明文字。

开发、获取、安装或使用信息系统，以收集、验证和验证信息；处理和维护信息；披露和提供信息。

调整现有方法以符合任何先前适用的说明和要求。

因信息收集而必须参加的培训。

因信息收集而必须进行的信息搜索。

因信息收集而必须进行的信息审查。

因信息收集而必须进行的信息传递，或以其他方式披露信息。

2. 信息收集

取得、征求或要求个人提供的事实或意见，不论采用何种形式或格式。

3. 国防部内部信息收集

来自两个或多个国防部部门的信息收集，需要由驻华盛顿总部的国防部内部信息收集官员批准。例如，如果一项调查从两个或两个以上的军事部门抽取调查对象，或者如果一项调查从一个军事部门和国防部长办公室抽取调查对象。

4. 国防部公共信息收集

国防部从公众那里收集信息。国防部公共信息收集官员处理所有国防部公共信息收集，以供管理和预算办公室批准。

5. 信息

任何媒介或形式的知识交流或表示，如事实、数据或观点，包括文本、数字、图形、叙述或视听形式。

6. 信息收集预算

由联邦机构在接下来的 12 个月内赞助的所有公众信息收集的年度综合预算。

7. 机构间信息收集

涉及从一个或多个其他联邦机构收集信息或向联邦机构提供信息的任何要求。

8. 国防部长办公室或国防部部门内部信息收集

信息收集行为特定于国防部长办公室或国防部部门内部，并经该机构批准的信息需求。例如主管人事和战备的助理国防部长在其直接管理的机构中进行内部信息收集，主管采购、科技和后勤的助理国防部长在其直接管理的机构中进行内部信息收集，陆军内部的信息收集，空军内部的信息收集，海军内部的信息收集，等等。

9. 隐私影响评估

信息处理方式分析：

确保处理符合有关隐私的适用法律、法规和政策要求。

确定在电子信息系统中以可识别形式收集、维护和传播信息的风险和影响。

检查和评估处理信息的保护和替代流程，以减轻潜在的隐私风险。

10. 调查

系统的数据收集，使用面对面的采访，或电话采访，或问卷调查，以书面或数字形式，从 10 个或 10 个以上的个人或机构代表的抽样或普查中收集信息，这些个人或机构代表可以引出对相同问题的态度、观点、行为。调查所取得的数据用于研究或政策评估。

国防部信息收集手册：
国防部内部信息收集程序

国防部手册

第 8910.01 号，第 1 卷，2014 年 6 月 30 日颁布实施，2017 年 4 月 19 日修改

主题：国防部信息收集手册：国防部内部信息收集程序

关联文件：见附件 1

1. 目的

a. 本手册：

(1) 由两卷组成，每一卷都有自己的目的，并重新发布国防部手册（DoDM）8910.1-M［关联文件（a)］。根据国防部指令 DoDD 5105.53［关联文件（b)］、国防部指示 DoDI 8910.01［关联文件（c)］、国防部长备忘录［关联文件（d)］、国防部指令 DoDD 5105.82［关联文件（aa)］和国防部副部长备忘录［关

联文件（ab)］的授权，本手册旨在为从公众、其他联邦机构或国防部长办公室和国防部各部门收集信息。

（2）向信息管理控制官员［部门信息管理控制官（IMCO)］提供指导，该指导是向国防部长办公室和国防部部门信息收集管理程序操作；并提供批准国防部内部信息收集和国防部公共信息收集的报表控制符号（RCS)。

b. 本法规：

（1）更新国防部内部信息收集批准和许可的责任和程序，包括国防部从其他联邦机构要求的信息（国防部内部信息收集的定义见本法规词汇表)。

（2）建立国防部信息收集网页和国防部信息收集库，用于发布有效的国防部内部信息。

（3）合并和取消指令型备忘录［指令型备忘录（DTM)］12-004［关联文件（e)］。

2. 本法规的适用性

a. 适用于国防部长办公室、军事部门、参谋长联席会议主席办公室和联合参谋部、作战司令部、国防部监察长办公室、国防机构、国防部现场活动，以及国防部内的所有其他组织实体（在本法规中统称为“国防部部门”)。

b. 本法规不适用于：

（1）特殊的国防部长办公室或国防部部门信息收集，此类信息收集是指国防部部门之间交叉性的信息收集。

（2）国防部对国会作出回应的信息收集，此项工作由主管立法事务的助理国防部长负责。国会要求的信息收集政策、程序和指南见 DoDI 5545.02［关联文件（f)］。

(3) 国防部生成、拥有或由国防部赞助的信息收集,向公众请求信息。国防部向公众收集信息的程序详见《国防部手册》第 8910.01 卷第 2 卷［关联文件（g)]。

(4) 由国防部指令 DoDD 5400.07［关联文件（h)］和国防部手册 DoDM5400.07［关联文件（i)］管理的非联邦信息收集。

c. 如果信息收集可被视为公共和国防部内部信息收集要求，则必须按照关联文件（g）中的程序处理请求。

3. 政策

根据关联文件（c)，国防部的政策是：

a. 信息收集是有效的、准确的、具有成本效益的，对请求组织的任务至关重要，而不是重复的。

b. 未经批准和许可的信息收集将不予受理。

c. 在国防部内部收集跨多个国防部部门的信息，必须获得被国防部级别批准的报表控制符号（RCS)。

d. 在国防部部门内部的信息收集，必须获得该国防部部门级别的信息控制符号。

e. 国防部部门间自发的信息收集要求，必须得到批准，并在国防部长办公室级别获得带有信息控制符号的许可。

f. 来自经批准和许可的信息收集的数据，必须对国防部可见、可获得和可用。

4. 责任

见附件 2。

5. 程序

见附件 3。

6. 发行范围

允许公开发布。

7. 变更摘要

本次发行的变更为行政性变更，并更新组织名称和参考文件以确保准确性。

8. 生效日期

本法规于 2014 年 6 月 30 日生效。

目 录

附件 1　关联文件

（a）国防部手册 8910.1-M，“国防部信息需求管理程序”，1998 年 6 月 30 日（特此取消）

（b）国防部指令 5105.53，“行政和管理（DA&M）主任”，2008 年 2 月 26 日

（c）国防部指令 8910.01，“信息收集和报告”，2014 年 5 月 19 日

（d）国防部长备忘录，“四轨效率计划”，2011 年 3 月 14 日

（e）指令型备忘录 12-004，“国防部内部信息收集”，2012 年 4 月 24 日修订（特此取消）

（f）国防部指令 5545.02，“国防部国会授权和拨款报告要求政策”，2008 年 12 月 19 日

（g）国防部手册 8910.01，第 2 卷，“国防部信息收集手册：国防部公共信息收集程序”，2014 年 6 月 30 日，修订版

（h）国防部指令 5400.07，“国防部信息自由法案（FOIA）计划”，2008 年 1 月 2 日

（i）国防部手册 5400.07，“国防部信息自由法案（FOIA）计划”，2017 年 1 月 25 日

（j）国防部指令 5110.04，“华盛顿总部服务［华盛顿总部服务部（WHS）］”，2013 年 3 月 27 日

（k）国防部指令 1000.29，“国防部公民自由计划”，2012 年 5 月 17 日，修订版

（l）国防部指令 5400.16，“国防部隐私影响评估（PIA）指南”，2015 年 7 月 14 日

（m）国防部指令 8550.01，“国防部互联网服务和基于互联网的能力”，2012 年 9 月 11 日

（n）国防部 5400.11-R，“国防部隐私计划”，2007 年 5 月 14 日

（o）国防部指令 1000.30，“减少国防部内社会保障号码（SSN）的使用”，2012 年 8 月 1 日

（p）国防部指令 8500.01，“网络安全”，2014 年 3 月 14 日

（q）国防部指令 8510.01，“国防部信息技术（IT）风险管理框架（RMF）”，2014 年 3 月 12 日，修订版

（r）国防部手册 8400.01-M，“确保国防部组织采购的电子和信息技术（E&IT）可用性的程序”，2011 年 6 月 3 日

（s）国防部指令 1100.13，“国防部调查”，2015 年 1 月 15 日

（t）国防部指令 3216.02，“国防部支持的研究中对人类受试者的保护和对伦理标准的遵守”，2011 年 11 月 8 日

（u）国防部 7750.07-M，“国防部表格管理程序手册”，2008 年 5 月 7 日，修订版

（v）美国法典第 44 卷

（w）行政命令 12333，“美国情报活动”，1981 年 12 月 4 日修订

（x）美国法典第 5 卷

（y）国防部指令 5025.01，“国防部信息发布计划”，2016 年 8 月 1 日

（z）国防部指令 8000.01，“国防部信息企业（DoD IE）管理”，2016 年 3 月 17 日

（aa）国防部指令 5105.82，“国防部副首席管理官（DCMO）”，2008 年 10 月 17 日

（ab）国防部副部长备忘录，“副首席管理官办公室重组”，2014 年 7 月 11 日

附件 2　责任

1. 华盛顿总部服务部主任的责任

根据国防部指令 5110.4［关联文件（j）］的规定，在副首席管理官通过国防部副首席管理官办公室行政主任的授权、指示和控制下，华盛顿总部服务部主任：

a. 管理、控制、许可和跟踪所有国防部内部信息收集。

b. 确保作为国防部信息收集官（ICO）的华盛顿总部服务部（WHS）执行服务局指令司司长履行本节第 1b（1）至 1b（7）中的职责。国防部信息收集官（ICO）必须：

（1）组织、指导和管理国防部信息收集计划。

（2）监督本法规的实施。

（3）确定国防部信息收集是否为国防部内部信息收集。非国防部内部收集请求的信息收集请求必须转发给相应的国防部批准机构。

（4）批准并授权国防部内部信息收集行为与报表控制符号（RCS）。

（5）发布并维护一份已批准且有效的国防部内部信息收集清单，并在信息收集到期日前六个月通知国防部长办公室或国防部各部门，请求收集信息。

（6）为国防部信息收集制定并实施到期程序。到期程序见本法规附件 3 第 12 节。

（7）建立和维护国防部信息收集网页和国防部信息收集库。

2. 国防部长办公室和国防部部门负责人的责任

a. 启动或取消国防部内部信息收集请求。

b. 当要求批准国防部内部信息收集时，遵循本法规中的程序、关联文件（c）中的指南，以及国防部信息收集网页上发布的指南。

c. 确保其各自的信息收集符合关联文件（k）、关联文件（l）、关联文件（m）、关联文件（n）、关联文件（o）、关联文件（p）、关联文件（q）、关联文件（R）中的数据保护和使用要求，以及关联文件（s）、关联文件（t）和关联文件（u）的相关规定。

d. 在启动国防部内部信息收集时，根据关联文件（c）和关联文件（d）以及国防部长办公室成本和项目评估（CAPE）方法，使用成本和项目评估（CAPE）成本指导网站得出与国防部内部信息收集相关的成本估算。根据国防部长办公室或国防部部门的记录处置计划，保留用于估算成本的源文件。有关成本估算的更多信息，请参阅本法规附件 3 第 3 节。

e. 仅对分配有报表控制符号(RCS)的国防部内部信息收集作出响应(未被视为国防部内部信息收集的项目列表，见本法规附件 3 第 1b 部分)。在国防部信息收集网页上可以找到已批准和正在进行的内部信息收集列表，以及分配的报表控制符号（RCS)。联系国防部信息收集官（ICO）以澄清任何国防部内部信息收集的有效性。

f. 根据本法规附件 3 中规定的程序，审查和协调拟议的国防部内部信息收集。

g. 任命一个部门信息管理控制官（IMCO)，并向国防部信息收集官（ICO）提供任命备忘录副本。当任命发生变化时，向国防部信息收集官（ICO）提供一份新备忘录的副本。

部门信息管理控制官（IMCO）的责任如下：

（1）充当信息收集的部门顾问。

（2）审查、批准和维护部门内部信息收集清单。

（3）审查、批准、提交并协助各部门内设机构负责人提交国防部表格（DD 表格）2936“国防部内部信息收集批准申请”，该表格可在国防部表格管理计划网站下载，供国防部信息收集官（ICO）批准，以及国防部内部信息收集的报表控制符号（RCS）分配。有关 DD2936 表批准流程的更多信息，请参见本法规附件 3。

（a）确保所有国防部内部信息收集都收到本法规附件 2 第 2.d 段和附件 3 第 3 节规定的成本估算。

（b）确保国防部内部信息收集请求按照本法规附件 3 中的程序进行协调。

（c）协助部门内设机构负责人在整个过程中获得协调和成本估算，以获得报表控制符号（RCS）。

（4）每年审查批准的信息收集的需要、充分性、设计和成本效益。

（5）确保信息收集的更改或取消获得批准时保持最新。

（6）停止在到期日之前不再需要的信息收集。

（7）尽可能减少信息的收集。

（8）当遇到未经授权或过期的国防部内部信息收集时，通知国防部信息收集官（ICO）。

（9）管理部门级信息收集程序。对于每个信息收集，部门级信息收集记录应包括 ：

（a）部门分配的信息收集控制符号。

（b）根据关联文件（c）获得的估计信息收集成本的成本和方法。

（c）提供部门分配信息控制符号所需的批准材料。

附件 3　程序

1. 国防部内部信息收集

a. 国防部内部信息收集的类型包括但不限于调查、焦点小组协议、标准化报告和对一般统计目的的问题的回答，无论其形式或格式如何，可能需要国防部信息收集官（ICO）的批准，并获得报表控制符号（RCS）。国防部内部信息收集的定义见关联文件（C）。

b. 不被视为国防部内部信息收集，因此不受本法规许可或批准的项目包括：

（1）根据《美国法典》（U.S.C.）第 44 卷第 3518（c）（1）节，在联邦刑事调查或起诉期间，或在处理特定刑事事项期间收集的信息［关联文件（v）］。

（2）在美国或其任何官员或机构为当事方的民事诉讼过程中收集的信息；或根据关联文件（v）涉及机构针对特定个人或实体的行政诉讼或调查。

（3）在根据关联文件（w）第 3.5（g）节或后续命令授权的情报活动期间，或在根据关联文件（v）进行属于通信安全活动的密码活动期间收集的信息。

（4）为直接协助前线作战行动而由支持应急行动的作战部署单位或部队收集的信息。

（5）在国防部支持国内和国际紧急行动和事件期间收集的信息。

（6）美国法典第 5 卷第 6（a）（1）节和第 7 节规定的国防部监察长

办公室在其授权下收集的信息［关联文件（x）］。

（7）审计报告。

（8）涉及违反法律法规问题，在内部审查、人员安全调查、指控调查、投诉、索赔期间收集的信息。

（9）对拟议计划、政策、程序、组织、任务、出版物、议程或行动方案的建议或评估。

（10）为支持预算的制定，作为日常采办项目管理的一部分的成本估算征集、日常预算申请、独立成本估算或独立成本评估，以及作为规划、预算和执行过程的一部分提交的所有数据、文件和附件。

（11）财务披露报表。

（12）奖项或职位的提名推荐。

（13）人事记录和人事记录请求，包括就业、医疗和牙科记录文件。

（14）正在接受治疗、临床检查的个人（包括对照组的个人）的事实或意见，或与关联文件（t）中定义的涉及人类受试者的研究相关的信息。

（15）关于会议、研讨会及工作组的评价、总结或评估。

（16）先前建立的信息收集、记录或自动生成的数据的副本，不会对响应的国防部长办公室或国防部部门造成成本。

（17）在一个日历年内从九个或更少的潜在受访者收集信息的调查。

c. 本附件第 1b 部分中列出的未被视为国防部内部信息收集的项目，不免除关联文件（c）、（d）、（f）、（h）、（i）、（k）至（u）和关联文件（y）中的要求。

2. 国防部长办公室和国防部部门间请求程序

a. 当国防部长办公室或国防部部门从国防部以外的实体（如联邦机构、

州政府、公共组织或个人）收到信息收集请求时，国防部长办公室或国防部部门应遵循其内部部门信息收集批准程序。如果国防部长办公室或国防部部门没有任何既定的批准程序，则应将外部实体提出的请求上报给国防部长办公室或国防部部门主管，以获得国防部长办公室或国防部部门内部信息收集的批准。

b. 当国防部或国防部部门从一个以上的国防部外部实体收到国防部内部信息收集请求时，国防部或该国防部部门可以作为国防部内部信息收集的任务承担单位。国防部内部信息收集的国防部长办公室或国防部部门发起人应按照本法规中的程序处理国防部内部信息收集请求。

c. 当国防部或国防部部门向国防部以外的联邦机构请求信息时，信息收集必须按照本法规规定的程序进行。

3. 成本估算

对于所有国防部内部信息收集，必须强制性的由请求的国防部或国防部部门编制成本估算，以确定所收集信息的预期收益是否值得其收集的成本负担。编制、分析和分发内部信息收集的成本估计必须：

a. 根据关联文件(d),使用成本和项目评估(CAPE)成本指南网站生成。

b. 请求信息收集的国防部长办公室或国防部部门以及每个响应的国防部长办公室或国防部部门的成本估算必须包含在 DD2936 表中。

4. 正当理由

所有国防部内部信息收集必须有规定性文件（如国防部信息发布、法规或法律、联邦机构条例、总统、国防部长或国防部副部长指示）或支持性声明，明确说明信息收集的必要性及其对国防部利益的影响。

5. 收集工具

a. 国防部内部信息收集中使用的所有仪器、指令和相关材料必须突出显示报表控制符号（RCS）。

b. 所有仪器必须在显著位置显示隐私法案声明（如适用）。

c. 信息收集的最终副本、报告或结果必须以可搜索的格式提交给国防部信息收集官（ICO），除非国防部信息收集官（ICO）放弃。如果最终副本、报告或结果未提交给国防部信息收集官（ICO），则后续信息收集行为、信息收集的扩展、信息收集的更改或发布，都将不予批准。

6.DD2936 表

国防部内部信息收集必须使用国防部表格 2936 申请批准，并获得国防部内部信息收集与报表控制符号（RCS）。国防部信息收集网页提供了编制国防部表格 2936 的说明。

a.DD2936 表必须由提出申请的国防部长办公室或国防部部门的负责人或主要副手签字，同时表明该信息收集所需经费是 50 万美元或以上，还是 50 万美元以下。如果信息收集是按照关联文件（y）的规定由国防部批准的，则国防部 DD2936 表上不需要来自请求的国防部或国防部部门负责人或主要副手的签字。有关处理国防部内部信息收集请求的更多信息，请参见本附件第 8 节。

b. 一旦要求信息收集的国防部长办公室或国防部部门签署了 DD2936 表，要求信息收集的国防部长办公室或国防部部门的信息管理控制官（IMCO）必须在填写好的表格和 DD2936 表行动包上签字并转发给国防部信息收集官（ICO），以获得批准和许可。可参见国防部内部信息收集网站了解必须作为 DD2936 表行动包一部分包含的项目列表。信息收集申请除非由部门信息管理控制官（IMCO）提交，否则国防部信息收集官（ICO）

不接受批准和许可申请。

c. 紧急批准请求必须由要求收集信息的国防部长办公室或国防部部门负责人签署。紧急批准请求不允许委派代签。申请紧急批准的程序见本附件第 10 节。

7. 协调要求

a. 响应的国防部长办公室或国防部部门必须有机会就国防部内部信息收集的成本进行协调。协调工作必须由国防部长办公室或国防部部门负责人、首席代表或同等级别人员负责，以收集花费在 50 万美元或以上的费用。成本低于 50 万美元时，协调必须由高级行政服务人员或同等级别人员实施。国防部长办公室或国防部部门进行协调的时间不得少于 15 个工作日。如果紧急国防部内部信息收集请求需要响应者协调，国防部信息收集官（ICO）将根据具体情况，确定响应者协调所需的工作日数。

（1）对于法律、法规和行政命令规定以外的国防部内部信息收集，如信息收集需求来自总统指示、国防部长指示或国防部副部长指示，这种情况不符合 DD2936 表的信息收集，不能从国防部长办公室或国防部部门收集信息。

（2）对于法律、法规和行政命令要求的信息收集，国防部信息收集官（ICO）可在未经响应的国防部或国防部部门同意的情况下批准并分配一个报表控制符号（RCS）。请求信息收集的国防部长办公室或国防部部门负责提供文件，表明每个响应的国防部长办公室或国防部部门有机会就估算成本和 DD2936 表进行协调。

b. 涉及表格使用的信息收集必须与国防部长办公室或国防部部门的表格管理员协调，要求信息收集按照关联文件（u）规范和设计表格。

c. 所有调查的协调必须由国防部负责人事和战备的助理国防部长，通过人事分析办公室（OPA）主任进行协调。在调查的制定和设计过程中，应尽早联系人事分析办公室（OPA）主任，以确保其符合科学标准。

d. 涉及人类主体信息的信息收集必须由负责采办、技术和后勤的国防部助理国防部长，以及负责人事和战备的助理国防部长（如适用），根据关联文件（t）进行协调。

e. 所有包含个人信息的信息收集请求，必须与要求信息收集的国防部长办公室或国防部部门隐私官员协调，以确保符合关联文件（k）、(l) 和 (n)。

f. 每个信息收集请求，必须与要求信息收集的国防部长办公室或国防部部门的记录管理官员协调，以确保根据相应的国防部长办公室或国防部部门的记录处理计划，确定响应信息收集请求的适当方式。

g. 通过计算机系统或电子格式收集信息的每个请求，必须与要求收集信息的国防部长办公室或国防部部门的首席信息官协调，以确保信息得到适当保护。部门首席信息官应当：

（1）在符合关联文件（l）、（m）、（p）和（q）所述信息保证要求的信息系统中收集、存储和以其他方式处理记录。

（2）按照关联文件（r）的格式和方法收集和提供，以确保可访问性。

8. 国防部信息发布文件中规定的信息收集

a. 下面是本法规中获取国防部内部信息收集报表控制符号（RCS）所需的步骤，这些步骤是国防部信息发布文件中规定的。

步骤 1：在起草 DD2936 表行动包之前，联系国防部部门信息管理控制官（IMCO）或国防部信息管理控制官（ICO）。

步骤 2：完成成本评估和项目评估（CAPE）总结。国防部信息发布的文件中规定的信息收集不需要国防部部门在 DD2936 表上的正式签名。

步骤 3：在适用的情况下，与国防部部门表单管理官、人类研究保护计划官员、国防部部门或国防部隐私管理官员、国防部部门记录管理官和国防部部门首度信息官进行协调。

步骤 4：对于国防部信息发布中规定的信息收集，不需要将 DD2936 表行动包发送给应答者进行协调和批准。

步骤 5：将 DD2936 表行动包发送给国防部部门信息管理控制官（IMCO）。

步骤 6：国防部部门信息管理控制官（IMCO）将 DD2936 表行动包发送给国防部信息管理控制官（ICO）。

b. 信息收集与国防部信息发布的协调。

（1）国防部信息发布中规定的所有信息收集（包括法律、联邦法规、行政命令、总统指示、国防部长指示或国防部副部长指示中规定的信息收集），可根据关联文件（y），与国防部信息发布进行协调。

（2）国防部内部信息收集的估计成本（所有响应的国防部或国防部部门的总成本，以及要求信息收集的国防部或国防部部门产生的估计成本）必须在 SD106 表中提供，并由国防部信息发布到国防部指令门户内部网站，以便根据关联文件（y）进行协调。

（3）本附件第 7b 段至第 7g 段中的协调要求，必须在按照关联文件（y）提交指令部进行审查签署之前完成（如适用）。根据参考文件（y），国防部信息发布的协调必须满足响应的国防部长办公室或国防部部门的协调要求（有关与响应部门协调的更多信息，请参见本附件第 7a 段），请求的国防部长办公室或国防部部门批准官员也必须在 DD 2936 表中签名。

（4）如果响应的国防部长办公室或国防部部门同意发布，且未对信息收集发表评论，则最终 DD 2936 表中不需要响应的国防部长办公室或国防部部门的协调官员的签名。

（5）国防部长 818 号表格“国防部信息发布意见矩阵”上的国防部或国防部部门回复意见，可以在国防部表格管理计划网站查询。关于信息收集请求，在信息收集获得国防部信息收集官（ICO）批准之前，必须由请求的国防部长办公室或国防部部门处理。

（6）发布中规定的信息收集，以及法律、法规、行政命令、总统指示，以及国防部长指示（不包括国防部副部长指示）要求的信息收集，只要国防部或国防部部门有机会按照参考文件（y）进行协调，则无须所有响应的国防部或国防部部门的同意即可批准。

c. 国防部信息发布文件必须包含符合关联文件（y）要求的信息收集要求声明。信息收集要求声明的模板可在指令部网站上找到。

d. 参考信息收集要求的国防部信息发布文件和其他国防部文件必须根据需要进行更新，以根据关联文件（y）反映信息收集的变化。有关更改信息收集所需的步骤，请参阅本附件第 11 节。

e. 如果国防部信息发布规定的信息收集在到期日前未延期或恢复，国防部信息收集官（ICO）必须根据参考文件（y）发起行政变更，从发布中删除信息收集。

f. 根据关联文件（y），当信息发布被取消时，必须取消信息发布规定的信息收集。国防部信息收集官（ICO）将更新相应的有效报表控制符号（RCS）列表，并通知部门信息管理控制官（IMCO），使其知晓国防部长办公室或国防部部门请求信息收集已被取消。

9. 国防部信息发布文件中未规定的信息收集

a. 获取国防部信息发布中未规定的国防部内部信息收集报表控制符号

(RCS) 所需的步骤如下：

步骤 1：在起草 DD2936 表行动包之前，联系国防部信息收集官（ICO）或者部门信息管理控制官（IMCO）。

步骤 2：完成成本评估和项目评估（CAPE）总结报告，并且在 DD2936 表上标记国防部信息请求部门的正式签名。

步骤 3：在适用的情况下，与国防部部门表单管理人员、人类研究保护计划管理人员、国防部隐私管理人员、国防部部门隐私管理人员、国防部部门纪录管理人员，以及国防部部门首席信息官取得协调。

步骤 4：将 DD2936 表行动包发送给受访者，以进行协调和批准。

步骤 5：向部门信息管理控制官（IMCO）发送 DD2936 表行动包。

步骤 6：部门信息管理控制官（IMCO）将 DD2936 表行动包发送给国防部信息收集官（ICO）。

b. 签署的 DD2936 表（包括所有响应的国防部长办公室或国防部部门的估计成本，以及请求信息收集的国防部长办公室或国防部部门的估计成本）必须提交给响应的国防部长办公室或每个国防部部门进行协调。在将 DD2936 表提交给响应的国防部长办公室或国防部部门进行协调之前，DD 2936 表必须由请求的国防部长办公室或国防部部门的官员签署。响应的国防部长办公室或每个国防部部门必须签署 DD2936 表，并将该表返回给请求信息收集的国防部长办公室或国防部部门。

c. 本附件第 7b 至 7g 段中的协调要求必须在 DD2936 表提交给响应的国防部长办公室或国防部部门批准之前完成。

d. 法规、法律、联邦法规、行政命令规定的信息收集、总统指示、国防部长指示（不包括国防部副部长的指示），只要响应的国防部或国防部部门有机会进行协调，则可以在未经响应的国防部或所有国防部部门同意的情况下批准。当提交DD2936表行动包供批准时，要求信息收集的国防部长办公室或国防部部门，必须提供与不同意信息收集的响应国防部长办公室或国防部部门的协调副本，给部门信息管理控制官（IMCO）和国防部信息收集官（ICO）。

e. 对于法规未规定的国防部内部信息收集，如果响应的国防部长办公室或国防部部门在DD 2936表上选择“不同意”，在国防部内部信息收集获得国防部信息收集官（ICO）批准并分配一个信息收集报表控制符号（RCS）之前，响应的国防部或国防部部门的问题必须由请求的国防部或国防部部门解决。国防部或国防部要求收集信息的部门负责解决国防部DD2936表格中的不同意问题，以及处理不同意问题的方式。解决响应国防部长办公室或国防部部门的问题的方式可能包括：

（1）通过电话、电子邮件或备忘录进行的非正式或正式交流。

（2）建立部门信息管理控制官（IMCO）与国防部长办公室、国防部部门高级领导层的会议和工作组。

（3）如果交流、会议和工作组不成功，要求国防部首席管理官（DOD-CMO）在国防部长办公室或国防部部门主管之间进行调解。

f. 对于法规未规定的国防部内部信息收集，如果响应的国防部长办公室或国防部部门在DD 2936表上选择“不同意”，则必须记录不同意决议。决议的文件包括正式的书面形式的不同意书（与原始DD2936表在同一级别或更高级别上签署），或在更新的DD2936表上签署并选择不同意书。正式的书面形式的不同意书必须连同DD2936表行动包提供给部门信息管理控制官（IMCO）和国防部信息收集官（ICO）。

g. 如果在15个工作日后，响应的国防部长办公室或国防部部门没有作出任何答复，请求的国防部长办公室或国防部部门必须：

（1）识别那些没有响应的国防部长办公室和国防部部门。

(2) 提供一份与响应的国防部长办公室或国防部部门进行所有协调尝试的副文文件，作为 DD2936 表行动包的一部分。

10. 紧急批准

a. 紧急批准请求必须仅针对当前信息收集，并且仅针对正常批准程序无法满足信息收集的时限要求的情况，即对时间敏感的信息收集。

对时间敏感的收集包括以下情形：

(1) 由行政命令指导。

(2) 由国防部长或副部长指挥。

(3) 事关国家安全的紧急事件。

(4) 最近（不到 90 天）法律、法规或政府规章的变化所要求的。

(5) 防止生命和健康面临迫在眉睫的危险。

b. 没有充分的规划或行政监督，不能获得紧急批准。

c. 紧急批准不得用于永久更改或补充现有信息收集程序。

d. 国防部信息收集官（ICO）有职权明确信息收集是否需要紧急批准。

e. 请求信息收集的部门信息管理控制官（IMCO）必须直接与国防部信息收集官（ICO）联系，以确定信息收集是否符合紧急批准标准和紧急批准所需项目列表。国防部信息收集官（ICO）紧急批准所需的项目必须通过部门信息管理控制官（IMCO）提交，否则国防部信息收集官（ICO）无法单独决定信息收集需要紧急批准。同时，DD2936 表必须由国防部长办公室或国防部部门负责人、首席代表或同等人员签署。

(1) 信息收集可由国防部信息收集官（ICO）授予一个临时的报表控制符号（RCS），无须 DD2936 表要求的协调成本汇总和其他协调，但必须提供估计费用。

(2) 国防部信息收集官（ICO）将确定 DD2936 表的所需字段和

DD2936 表行动包中包含的所需项目，该行动包由国防部长办公室或国防部部门根据具体情况请求信息收集。紧急批准申请将在收到国防部信息收集官（ICO）要求的项目后 2 个工作日内决定是否批准。

f. 根据紧急程序批准的信息收集的有效期从批准之日起不超过 180 天。

11. 国防部内部信息收集的变化

a. 实质性变化

如果信息收集需要在到期前进行实质性更改，部门信息管理控制官（IMCO）必须向国防部信息收集官（ICO）提交新的 DD2936 表行动包（包括本附件要求的所有项目）。对信息收集要求的实质性更改可能需要修改支持文件，包括国防部要求信息收集的国防部长办公室或国防部部门发布新的通知。重大变化包括但不限于以下方面：

（1）收集频率的变化。

（2）受访者人数或来源的变化。

（3）更改信息集合的内容。

b. 微小变化

（1）如果信息收集需要在到期前进行细微更改，部门信息管理控制官（IMCO）必须通过电子邮件向国防部信息收集官（ICO）发送更改说明，以确定是否需要新的 DD2936 表。信息收集是否属于微小变化，将由国防部信息收集官（ICO）判定。

（2）对信息收集的微小更改可能包括：请求信息收集的国防部长办公室或国防部部门的组织名称的更改、响应的国防部长办公室或国防部部门的组织名称的更改、信息收集工具上拼写错误的单词的更正，等等。对信息收集要求的微小更改可能需要修改支持文件，包括国防部长办公室或国防部部门发出的请求信息收集新的通知。

c. 延期

（1）如果信息收集没有实质性的变化，则可要求将信息收集的期限延长至当前到期日之后最多 2 年。实质性变动清单见本附文第 11a 部分。

（2）当国防部信息发布中规定了信息收集，且根据关联文件（y）证明该发布为现行发布时，信息收集将自动延长至 2 年，以与发布的延长相一致。如果发行不是最新的，则不能扩展信息收集。

（3）当信息收集在国防部信息发布以外的文件中规定时，必须提交 DD2936 表行动包以请求延期。

（4）延期由国防部信息收集官（ICO）批准，只能批准一次。

d. 根据本法规中的程序，通过提交新的 DD2936 表行动包，可以恢复过期的信息收集和相关的报表控制符号（RCS）。

e. 当信息收集达到了最初预期的目的，或当生产成本超过所提供的经费，或继续收集会违反联邦法律或国防部政策时，必须停止信息收集。要求信息收集的国防部长办公室或国防部部门信息管理控制官（IMCO）可通过发送电子邮件，通知国防部信息收集官（ICO）终止信息收集。

12. 报表控制符号（RCS）到期程序

a. 到期。

（1）已分配报表控制符号（RCS）的国防部内部信息收集的有效期不得超过 5 年，从国防部信息收集官（ICO）批准之日起，或从国防部颁布指示之日起，以较晚者为准。

（2）除管理和预算办公室另有规定外，内部信息收集行为将在管理和预算办公室批准后 3 年到期。

（3）指令型备忘录（DTM）规定的内部信息收集，将在指令型备忘录（DTM）到期时到期，但不得超过指令型备忘录（DTM）发布之日起 5 年。

（4）一次性信息收集最长有效期为 1 年，不能延期。

（5）已获得紧急批准的信息收集的有效期最长为 180 天。

（6）对内部信息收集作的实质性和微小的变更，都不会改变有效期。延长内部信息收集的有效期不得超过 2 年或国防部指示的有效期。

b. 如果未在到期日前延长信息收集时间，每个国防部内部信息收集要求，都应在到期日后 6 个月内，由要求信息收集的国防部长办公室或国防部部门进行审查。

c. 国防部信息收集委员会将在国防部信息收集网页上，公布一份有效的信息收集清单，以及其失效日期。

13. 时间表和完成标准

a. 要求内部信息收集的国防部长办公室或国防部部门，将在收到完整的 DD2936 表行动包后 5 个工作日内，或在收到国防部信息收集官（ICO）要求的紧急批准项目后 2 个工作日内，收到国防部信息收集官（ICO）对信息收集的批准或拒绝通知。

b. 与信息收集相关联的协调仅在获得之日起 1 年内有效。

c. 编制、分析和分发信息收集的估计成本自获得之日起 1 年内有效。

国防部信息收集手册：
国防部公共信息收集程序

国防部手册

编号：8910.01，第 2 卷 2014 年 6 月 30 日，2017 年 4 月 19 日第 2 次修订

国防部副首席管理官

主题：国防部信息收集手册：国防部公共信息收集程序

关联文件：见附件 1

1. 目的

a. 本手册的目的：

(1) 本手册由两卷组成，每一卷都有自己的目的，并重新发行 DoD 8910.1-M［关联文件（a）］。根据国防部指令 5105.53 和 5015.82［关联文件（b）和（y）］、国防部副部长备忘录［关联文件（z）］、国防部指示 DoDI 8910.01［关联文件（c）］和国防部长备忘录［关联文件（d）］中的授权，本手册的目的是：

为从公众、其他联邦机构或国防部长办公室和国防部部门收集信息提供指导。

（2）向信息管理控制官［国防部部门信息管理控制官（IMCO）］提供有关其国防部长办公室和国防部部门信息收集管理程序操作的指导；提供批准国防部内部信息收集和批准国防部公共信息收集的程序。

b. 本卷的目的：

（1）向相关部门提供获得公共信息收集批准所需的指导和程序。它为国防部长办公室和国防部部门提供了必要的程序，以建立、修订、扩展和终止公众的信息收集。

（2）介绍国防部的信息管理程序。它包括关于《美国法典》［关联文件(e)］第 44 编第 35 章本卷也称为“1995 年文书工作缩减法”［1995 年文书工作削减法(PRA)］和《联邦法规》(关联文件(f)］第 5 编第 1320 部分所述要求的指南，以及管理和预算办公室［管理和预算办公室（OMB)］在审查公共信息收集提案之前所需的文书工作。

2. 本卷的适用性

a. 适用于国防部长办公室、军事部门、参谋长联席会议主席办公室和联合参谋部、作战司令部、国防部监察长办公室、国防机构、国防部现场活动，以及国防部内的所有其他组织实体(在本卷中统称为“国防部部门”)。

b. 不适用于：

（1）国防部部门收集内部信息。国防部内部信息收集程序详见本手册第 1 卷［关联文件（h)］。

（2）国防部对国会作出回应的信息收集。主管立法事务的助理国防部长负责管理国防部响应国会请求的信息收集。国会要求的信息收集政策、程序和指南符合国防部指示 DoDI 5545.02［关联文件（g)］。

3. 上位法

国防部公共信息收集程序的上位法见关联文件（c)。

4. 责任

见附件 2。

5. 程序

见附件 3。

6. 可发布性

允许公开发布。

7. 生效日期

本卷于 2014 年 6 月 30 日生效。

目　录

附件 1　关联文件

(a)国防部8910.1-M,“国防部信息需求管理程序”,1998年6月30日(由本手册第 1 卷取消)

(b) 国防部指令 5105.53，“行政和管理（DA&M）主任”，2008 年 2 月 26 日

(c) 国防部指令 8910.01，“信息收集和报告”，2014 年 5 月 19 日

(d) 2011 年 3 月 14 日，国防部长备忘录，“跟踪四项效率计划决策”

(e) 美国法典第 44 卷

(f) 联邦法规第 5 篇第 1320 部分

(g) 国防部指令 5545.02，“国防部国会授权和拨款报告要求政策”，2008 年 12 月 19 日

(h) 国防部手册 8910.01，第 1 卷，“国防部信息收集手册：国防部内部信息收集程序”，2014 年 6 月 30 日，修订版

(i) 国防部信息收集网站，“http://www.dtic.mil”

(j) 国防部指令 1100.13，“国防部调查”，2015 年 1 月 15 日

(k) 国防部指令 1000.29，“国防部公民自由计划”，2012 年 5 月 17 日，修订版

(l) 国防部指令 5400.16，“国防部隐私影响评估（PIA）指南”，2015 年 7 月 14 日

(m) 国防部 5400.11-R，“国防部隐私计划”，2007 年 5 月 14 日

(n) 国防部指令 1000.30,“国防部内社会保障号码（SSN）使用减少”,

2012 年 8 月 1 日

（o）国防部指令 8500.01，“网络安全”，2014 年 3 月 14 日

（p）国防部指令 8510.01，“国防部信息技术（IT）风险管理框架（RFM）”，2014 年 3 月 12 日，修订版

（q）国防部 8400.01-M，“确保国防部组织采购的电子和信息技术（E&IT）的可访问性的程序”，2011 年 6 月 3 日

（r）国防部指令 3216.02，“国防部支持的研究中对人类受试者的保护和对伦理标准的遵守”，2011 年 11 月 8 日

（s）国防部 7750.07-M，“国防部表格管理程序手册”，2008 年 5 月 7 日，修订版

（t）公法 104-106，“1996 财政年度国防授权法案”，1996 年 2 月 10 日

（u）管理和预算办公室第 A-130 号通告，“联邦信息资源管理”，2000 年 11 月 28 日

（v）美国法典第 10 卷

（w）美国法典第 15 卷

（x）美国法典第 5 卷

（y）国防部指令 5105.82，“国防部副首席管理官（DCMO）”，2008 年 10 月 17 日

（z）国防部副部长备忘录，“副首席管理官办公室重组”，2014 年 7 月 11 日

附件 2　职责

1. 华盛顿总部服务部主任

在副首席管理官的授权、指导和控制下，通过国防部副首席管理官办公室行政主任，华盛顿总部服务部主任行使以下职责 ：

a. 根据关联文件（c），管理国防部信息收集计划。

b. 确保国防部信息管理控制官（ICO）执行本卷附件 3 和国防部信息收集网站［关联文件（i)］中的程序。

2. 国防部长办公室和国防部部门负责人

a. 当要求批准国防部公共信息收集时，遵循本卷中的程序，以及关联文件（c）和关联文件（i）中发布的指南。

b. 确保有足够的信息可用于实现国防部部门程序的有效性和管理效率。

c. 负责国防部公共信息收集请求的申请和终止。

d. 确保对其各自的信息收集进行审查，以符合 DoDI 1100.13、DoDI 1000.29、DoDI 5400.16、DoD 5400.11-R.DoDI 1000.30、DoDI 8500.01、DoDI 8510.01、DoD 8400.01-M、DoDI 3216.02 和国防部手册 7750.07［关联文件（j）至（s)］中的数据保护和使用要求。

e. 将调查信息要求提交给国防人力数据中心（DMDC）人员分析办公室（OPA）主任，以供审查，然后再将他们的要求提交给国防部信息管理控制官（ICO）。当国防人力数据中心（DMDC）人员分析办公室（OPA）提出“必须”变更的要求时，国防部长办公室和国防部部门必须接受。当国防人力数据中心（DMDC）人员分析办公室（OPA）提出“推荐”变更的要求时，国防部长办公室和国防部部门可以自主决策是否接受其变更要求，如果其决策结果为“不接受”，则必须向国防部信息管理控制官（ICO）提供不接受国防人力数据中心（DMDC）人员分析办公室（OPA）“推荐”变更的理由。

f. 得出与国防部公共信息收集相关的成本估算。根据国防部长办公室或国防部部门的记录处置计划，保留用于估算成本的源文件。有关估算成本的信息见关联文件（i）。

g. 尽量减少收集和报告公众信息有关者的负担。

h. 仅对批准并分配了管理和预算办公室（OMB）控制编号的国防部公共信息收集作出响应。核准和活跃的公共信息收集清单见关联文件（i）。联系国防部信息委员会，以澄清任何国防部公共信息收集的有效性。

i. 根据本卷附件 3 规定的程序，审查和协调拟议的公共信息收集。

j. 确保收集的公共信息有效、准确，提高成本效益，避免重复收集。

k. 根据现有信息收集中的数据，评估和筛选公共信息收集中的每一项数据，以确定这些信息是否能够满足要求。

l. 至少每三年审查一次正在进行的公共信息收集的需求、充分性、设计和成本效益。

m. 制定年度目标和规划、计划，以减少公共信息收集的次数或频率。

n. 根据关联文件（h）中的程序，以书面形式任命国防部长办公室或国防部部门信息管理控制官。

o. 监督国防部长办公室或国防部部门信息管理控制官，以确保其履行本卷附件 3 中所述的程序。

附件 3 国防部公共信息收集

1. 公共信息收集概述

a. 根据参考文件（f）第 1320 部分的规定，除非得到了豁免，公共信息收集必须经管理和预算办公室（OMB）审查和批准，并指定管理和预算办公室（OMB）控制编号和有效期。

b. 关联文件（e）和关联文件（t）要求机构以高效、有效和经济的方式开展信息资源管理（IRM）活动的广泛授权。管理和预算办公室（OMB）第 A-130 号通告［关联文件（u）］根据关联文件（e）的要求，实施管理和预算办公室（OMB）权力，以提供统一的政府范围的信息资源管理政策。

2. 目的

根据关联文件（e）和关联文件（f），国防部将：

a. 尽量减少公众的联邦文书工作负担，以及联邦政府收集、维护、使用和分发信息的成本。

b. 最大限度地利用从公众那里收集的信息。

c. 提高从公众收集的国防部信息的质量和使用效益，并通过有效利用信息技术（IT）提供从公众收集的国防部信息的分发。

d. 确保信息按照适用法律进行管理，包括与记录管理、研究、隐私和保密、信息安全和信息访问相关的法律。

3. 范围和时限

a. 根据关联文件（e），国防部长办公室和国防部各部门，在每年向 10 人或 10 人以上收集信息，或继续收集管理和预算办公室（OMB）批准的将在未来 6 个月内到期的信息之前，必须获得管理和预算办公室（OMB）批准。

b. 管理和预算办公室（OMB）对公共信息收集的批准可以少于 3 年，最长期限为 3 年。

c. 如果从公众成员收集信息的需求将在到期日后灭失，国防部长办公室和国防部部门必须在到期日前，获得管理和预算办公室（OMB）重新批准的公共信息收集清单。

d. 管理和预算办公室（OMB）审批流程应当在 6 个月内完成。

4. 程序

a. 国防部长办公室和国防部部门

未经管理和预算办公室（OMB）批准，国防部长办公室和国防部部门不得从公众处收集信息，不得试图强制或要求遵守未批准或过期的信息收集。国防部长办公室和国防部各部门必须确保拟议的公共信息收集符合以下要求：

（1）为国防部长办公室和国防部部门的功能的执行施加最小的必要负担。

（2）不会不必要地获取已经可用的信息。

（3）具有实用价值。

（4）最大限度地降低国防部长办公室或国防部部门收集信息的成本，而不会将不成比例的成本或负担转移到公众身上。

（5）满足本附件第 5 节中描述的管理和预算办公室（OMB）指南。

b. 国防部长办公室或国防部部门信息管理控制官

国防部长办公室或国防部部门信息管理控制官必须：

（1）担任国防部长办公室或国防部公共信息收集部门顾问。

（2）按照本附件第9e段中的程序，审查、批准并向国防部信息管理控制官（ICO）提交公共信息收集包，并协助国防部长办公室或国防部部门行动官员，提交获得管理和预算办公室（OMB）对国防部公共信息收集批准所需的文件。相关文档的模板位于关联文件（i）。

（a）确保所有国防部公共信息收集都收到成本估算。

（b）确保国防部公共信息收集请求按照本附件中的程序进行协调。

（3）审查批准的公共信息收集的需求充分性、设计合理性和成本效益。

（4）如果文件中规定的信息收集的更改或取消获得批准，确保规定公共信息收集的文件保持最新。

（5）当不再需要收集公共信息时，通知国防部信息管理控制官（ICO），并要求停止收集信息的行为。

（6）尽可能减少信息的收集。

（7）当遇到未经批准或过期的国防部公共信息收集时，通知国防部信息管理控制官（ICO）。

（8）管理国防部长办公室或国防部部门的信息收集预算（ICB）。这包括跟踪与批准的公共收集相关的公共负担减轻计划，这些计划将减轻公众向国防部提供信息的负担。

（9）保存其所认定的公共信息收集的清单和记录，并在公共信息收集期满前6个月通知行动官员。

（10）将国防部信息委员会提供的公共信息收集的管理和预算办公室（OMB）批准通知分发给适当的行动官员。

（11）参与公共信息收集活动的审查。

c. 国防部信息管理控制官（ICO）

作为国防部与管理和预算办公室（OMB）在所有国防部公共信息收集方面的主要联络点，国防部信息管理控制官（ICO）必须：

（1）组织、指导和管理国防部信息收集计划。

（2）监督本卷的实施。

（3）确定信息收集是否为国防部公共信息收集。非国防部公共收集请求的信息收集请求将提供给相应的国防部批准机构。

（4）对国防部公共信息收集包进行最终审查，以确保国防部遵守法律和管理和预算办公室（OMB）指南的所有要求。

（6）批准国防部公共信息收集。国防部信息管理控制官应当与国防部监管信息服务中心和信息与监管事务办公室相协调，将国防部公共信息收集的计划提交给国防部，以供批准和分配国防部控制编号。只有国防部信息管理控制官（ICO）有权代表国防部向管理和预算办公室（OMB）提交国防部公共信息收集计划。

（7）在参考资料（i）上公布一份已批准和正在进行的国防部公共信息收集清单。

（8）建立并保持关联文件（i）。

（9）根据关联文件（c），制定和协调信息收集预算（ICB）。

5. 通知和评论

a. 在向管理和预算办公室（OMB）提交建议之前，应当在《联邦公报》上公示可供公众评论公共信息收集清单。关联文件（i）中提供了60天公示期的通知清单模板。这些通知通过国防部长办公室或国防部部门信息管理控制官（IMCO）转发给国防部信息管理控制官（ICO），以提交给联邦公报办公室。

（1）公众有 60 天时间就拟议的公共信息收集向国防部长办公室或国防部部门提出意见。

（2）国防部长办公室或国防部部门使用公众评论来评估收集的总体需求，以及对收集进行修订的可能性。

（3）联邦公报通知的副本、收到的评论摘要，以及国防部长办公室或国防部部门对这些评论的回应，将成为提交管理和预算办公室（OMB）审查和批准的提案的一部分。

b. 在 60 天的公众评论期之后，还将有 30 天的《联邦公报》通知。在该通知中，提供公众评论的摘要清单。在此 30 天期限内，公众可就所述摘要清单，向管理和预算办公室（OMB）提出修改意见。在 30 天期限届满后，国防部信息管理控制官（ICO）向管理和预算办公室（OMB）提出公共信息收集申请计划。关联文件（i）中提供了 30 天通知样本。

（1）这些通知通过国防部长办公室或国防部部门信息管理控制官（IMCO）转发给国防部信息管理控制官（ICO），以提交给联邦公报办公室。

(2)公众有 30 天的时间就公共信息收集向管理和预算办公室(OMB)提出意见。

（3）管理和预算办公室利用公众意见，确保拟议收集的信息尚未提供；收集的信息将满足所述的需要和目的；并作出适当努力，尽量减少公众负担，最大限度地发挥实际效用。

（4）管理和预算办公室（OMB）将要求国防部长办公室或国防部部门修改提交给管理和预算办公室（OMB）的提案，以解决管理和预算办公室（OMB）在 30 天评论期内从公众收到的评论。

6. 管理和预算办公室（OMB）的工作准则

a. 与相关机构和公众协商，尽量减少信息收集负担

国防部长办公室和国防部部门将与潜在响应者或其代表进行协调，以获得遵守公共信息收集请求所涉及的负担的估计。这种协调不得超过九人。或者，国防部长办公室和国防部部门可以使用从联邦公报中发布的征求意见通知中收到的公开回复，包括对收集工具的意见。

b. 频率、响应时间和拷贝数

（1）频率。国防部长办公室和国防部部门收集同类信息的频率不应当超过每季度一次。

（2）响应时间。国防部长办公室和国防部部门在收到信息请求后30天内不需要书面回复。

（3）份数。国防部长办公室和国防部部门不能要求应答者提交一份以上的原件和两份以上的文件副本。

c. 被调查者应保留信息的性质和格式，以及记录保存期

（1）信息格式。在可能的情况下，国防部长办公室和国防部部门将避免要求应答者以不同于他们通常维护信息的格式维护或提供信息。

（2）保留期。根据参考文件（f），应答者保留健康、医疗、政府合同、补助金或税务记录以外的记录不超过3年。国防部长办公室和国防部部门不得要求应答者保留所述记录的时间超过3年。

d. 被访者的报酬。国防部长办公室和国防部部门不得向应答者提供任何付款或礼物（承包商或受赠者的报酬除外）。除非作为公共信息收集提案的一部分向管理和预算办公室（OMB）提供了解释，并且应答者的报酬已获得管理和预算办公室（OMB）批准。

e. 统计调查。国防部和国防部各部门将进行统计调查，旨在产生可推

广到整个研究领域的结果。此外，公共信息收集必须使用经管理和预算局批准的统计数据分类。管理和预算办公室（OMB）关于进行统计调查的其他指导见关联文件（i）。

f. 机密信息。除非国防部长办公室或国防部部门可以证明它已经在法律允许的范围内制定了保护信息机密性的程序，国防部长办公室和国防部部门不得要求应答者提交商业机密或其他专有机密信息。

g. 小型实体的简化要求。国防部长办公室和国防部部门将采取所有实际步骤，为小型企业或实体制定简化的需求。

h. 使用自动收集技术和其他形式的信息技术，以减轻受访者的负担。国防部长办公室和国防部部门应当通过使用自动收集技术或其他形式的信息技术来减轻应答者的负担。

i. 收集方法。国防部长办公室或国防部部门使用信息收集的技术和信息系统，并不免除国防部长办公室或国防部部门必须获得管理和预算办公室（OMB）批准的要求。行动官员可向国防部长办公室或国防部部门信息管理控制官（IMCO）寻求有关管理和预算办公室（OMB）审查和批准公共信息收集需求的意见。

（1）批准的格式必须显示管理和预算办公室（OMB）批准号、有效期和联邦机构披露通知（AND）。信息的收集可以是任何形式或格式，包括但不限于：

（a）报表

（b）申请表

（c）问卷调查

（d）调查

（e）招标书或其他采购要求

（f）访谈

(g) 面试指南

(h) 口头交流

(i) 小组讨论

(j) 电报或电话请求

(k) 自动化、电子、机械或其他收集技术

(2) Internet 建议框格式不是结构化协议，不需要管理和预算办公室（OMB）批准。例如，通过 Internet 建议框，要求受访者提供想法、评论、建议或任何您想告诉我们的内容，或询问受访者“如果您对我们的网站有任何技术问题,或有任何改进建议,请让我们知道”。但是，附在一个互联网网站上的电子问卷向 10 名或 10 名以上公众提出了具体问题，这是一个结构化的协议，需要管理和预算办公室（OMB）的批准。

7. 公共信息收集范围

a. 一般情况。向公众收集信息需要得到管理和预算办公室（OMB）的批准。

本节旨在：

(1) 解释在收集公共信息时，谁被视为公众成员。

(2) 描述根据关联文件（e）的公共保护条款给予被调查者的保护。

(3) 涵盖特定公共信息收集可能不需要管理和预算办公室（OMB）审查和批准的条件。

b. 公众人士。为了收集公共信息，公众包括：

(1) 一般情况。个人、合伙企业、协会、公司（包括国有、私营企业）、商业信托、有组织的团体、国家、地区、地方政府或其组成部分。

(2) 联邦政府人员。

(a) 如果收集的信息是以个人公民的身份发给现任联邦政府人员的，则他们被视为公众成员。当联邦政府人员在其工作范围内（包括为完成其为联邦机构所做的工作而执行的所有任务）对一组信息作出回应时，他们不被视为公众成员。后者被视为国防部内部信息收集，必须按照关联文件（h）中的程序获得批准和许可。

(b) 退休的联邦政府人员被认为是公众成员。然而，当根据《美国法典》第 10 编第 88 章第 1782 节［关联文件（v)］，对联邦计划进行调查时，军队退休人员不被视为公众成员。当军队退休人员不是公众成员时，信息收集必须按照关联文件（h）中的程序获得批准和许可。

(3) 军人。

根据关联文件（v）第 88 章第 1782 节，国防部长具备以下职责：

一是为确定与军人家庭有关的现有联邦计划的有效性和对新计划的需要，国防部长可以与下列人员一起进行调查：

现役军人、退伍军人；这些人的家庭成员；已故役军人的遗属。

二是向预备役军人、国民警卫队成员以及预备役军官训练团学员收集有关其职务状况的信息。

关于现役军人（包括预备役军人、国民警卫队成员、军校学生）是否被视为公众人士，按以下标准进行判断：

如果收集的信息是以个人公民的身份发给他们的，则视为公众成员。因此，符合此描述的信息收集将需要管理和预算办公室（OMB）批准。如果他们在回答有关其联邦雇员职责状态的问题，或确定与军人家庭有关的联邦计划的有效性和新计划的需要，则不被视为公众成员。在这种情况下，信息收集不需要管理和预算办公室（OMB）批准，但必须按照国防部内部信息收集的程序进行批准。

（4）承包商。

（a）根据合同向国防部或联邦政府其他实体提供服务的个人被视为公众成员，用于公共信息收集目的，需要管理和预算办公室（OMB）批准。承包商不是联邦雇员，而是他们公司的雇员。

（b）对于从承包商处收集信息的行为，判断其是否为国防部公共信息收集，遵循以下标准：

如果调查问题由国防部长办公室或国防部部门设计，指定将向公众询问哪些数据，则属于国防部公共信息收集，必须得到管理和预算办公室（OMB）的批准。

如果在提供所要求的信息时，承包商自行设计问题，并仅使用这些问题来构建对政府的答复，则不属于国防部公共信息收集，不需要得到管理和预算办公室（OMB）的批准。

由国防部长办公室或国防部部门公开批准由私人方进行的公共信息收集，以满足国防部长办公室或国防部部门的需要，可能会导致国防部有可能对信息收集行为出资赞助。因此，该行为属于国防部公共信息收集，国防部长办公室或国防部部门有义务在私人机构实施信息收集之前，寻求并获得管理和预算办公室（OMB）的批准。

国防部长办公室或国防部部门被视为信息收集请求的发起人，请求某人向其他人（第三方或公众）披露信息。例如，国防部的一个部门要求海外公民向各州提供选民登记信息。这种情况属于国防部公共信息收集，必须得到管理和预算办公室（OMB）的批准。

（5）外国公民。外国人被认为是公众。

（a）不根据信息收集的开展或赞助地，或被申请人的国籍来区分信息收集的类型。一般规则是，公共信息收集需要管理和预算办公室（OMB）根据关联文件（e）进行批准，即使所有或部分回复者是外国国民或实体。

（b）美国可能会要求其他国家提供信息。主权国家之间的此类请求不视为公共信息收集，不需要管理和预算办公室（OMB）的批准。然而，如果另一个政府按照美国的要求收集信息，信息收集行动需要国防部出资赞助，因此被视为公共信息收集，必须获得管理和预算办公室（OMB）的批准。

c. 公共保护

（1）关联文件（e）中的公共保护条款在信息收集不当的情况下为应答者提供保护。如果出现以下情况，任何人都不会因未能遵守关联文件（e）的信息收集而受到处罚：

（a）信息收集不具备当前有效的管理和预算办公室（OMB）控制编号，公共信息收集行为因此没有成功实施。

（b）信息收集不具备当前有效的管理和预算办公室（OMB）控制编号，被调查对象对公共信息收集不予响应。

（2）所有公共信息收集工具（网站、表格、调查等），必须包含联邦机构披露通知（AND）。关联文件（i）中提供了联邦机构披露通知（AND）的模板。根据关联文件（e）中的公共保护规定，本披露通知是必需的。

(a) 公共保护条款要求国防部显示当前有效的管理和预算办公室（OMB）控制编号。在进行国防部公共信息收集时，必须告知应答者，如果没有显示当前有效的管理和预算办公室（OMB）控制编号，任何人都不会因未提供信息而受到处罚。

(b) 有关信息收集对公众带来的负担，以及公众可在何处发表有关所述负担的意见的资料，均必须载于披露公告内。

(c) 公共保护条款规定了国防部的法律责任，并为公众回应者提供了法律辩护。如果公共信息收集没有显示一个有效的管理和预算办公室（OMB）控制编号，作为收集已被管理和预算办公室（OMB）审查和批准的证据，国防部不得对不遵守或响应公共信息收集的公共响应者施加任何处罚。

(d)在 1988 年 7 月 1 日之后印刷或复制的公共信息集的副本上，必须放置联邦机构披露通知（AND）。

8. 豁免和不被视为公共信息收集的项目

a. 豁免。不需要管理和预算办公室（OMB）批准的公共信息收集包括：

(1) 向九人或更少的人收集公共信息。在 12 个月内寄给 9 人或更少的人的信息收集不需要管理和预算办公室（OMB）的批准。然而，面向所有行业（如海军造船厂）的公共信息收集，即使少于 9 个，也需要管理和预算办公室（OMB）的批准。

(2) 豁免信息收集是指：

(a) 公众人士在进行联邦刑事调查或起诉期间，或在处理某一特定刑事事项期间。

(b) 公众人士在美国参与的民事诉讼中，或在涉及政府机构针对特定个人或实体的行政诉讼、调查或审计中。

(c) 根据《美国法典》第 15 编第 41 节和第 1311 节 [关联文件 (w)]，通过强制程序获得豁免。

(d) 公众人士在进行情报活动期间，或在进行属于通信安全活动的密码活动期间。

b. 不被视为公共信息收集的项目包括：

(1) 对宣誓书、确认书、证明、收据、地址变更或同意书的收集，不被视为公共信息收集项目。

(2) 产品或任何其他实物的样品。但是，如果需要根据产品或任何其他实物的样品编译信息，则属于公共信息收集项目。

(3) 通过直接观察或通过与此类直接观察相关的非标准口头交流获得事实或意见。

(4) 在联邦公报或其他出版物上公布公众意见征求的信息。

(5) 在研究或预防临床疾病方面，接受治疗或临床检查的个人（包括对照组的个人），最初或在后续请求中获得的事实或意见；对该疾病的直接治疗；或对体液生物分析的解释；或此类标本的鉴定。还包括由于这类行动而建立的医疗记录。

(6) 向一个人请求事实或意见。

(7) 为测试能力或知识而设计的考试，以及收集与此类考试有关的识别或分类信息。

(8) 在公开听证会或会议上获得或征求的事实或意见，或与之相关的事实或意见。

(9) 通过非标准化的后续问题获得或征求的事实或意见，旨在澄清对已批准的信息收集的答复。

（10）与管理和预算办公室（OMB）指定的上述项目类似。管理和预算办公室（OMB）有权确定某一特定活动不构成信息收集，前提是该活动与上述九个项目具有可比性，且将该活动归类为不构成信息收集，不会违背《1995 年文书工作削减法》的目的和意图。

（11）从国防部文职雇员处收集其职责范围内的信息（包括为完成其为国防部或国防部部门的工作而执行的所有任务），这属于国防部内部信息收集，按另外的审批程序办理。

（12）根据关联文件（v）第 88 章第 1782 节进行调查时，向在职或退休的服务人员、其家属、已故退休人员和在职期间死亡人员的遗属提出的事实或意见请求。

（13）根据关联文件（v）第 503（a）节的规定，为广告和市场研究收集的信息，这些信息针对的是潜在新兵和可能影响潜在新兵的人，旨在提高国防部招聘计划的有效性。

9. 信息收集预算

a. 提交年度信息收集预算（ICB）。根据关联文件（c），国防部首席信息官（DoD CIO）批准并向管理和预算办公室（OMB）提交所有国防部公共信息收集的年度综合预算。管理和预算办公室（OMB）规定了信息收集预算（ICB）提交的程序、格式和时间。管理和预算办公室（OMB）可能会要求国防部长办公室和国防部各部门确认减负举措。如果管理和预算办公室（OMB）没有提出减负要求，国防部长办公室和国防部部门在完成信息收集时可以不必考虑减负问题。

b. 信息收集预算（ICB）的概念。信息收集预算（ICB）是每个联邦机构对其打算要求公众提供信息的总负荷小时数的预测。它是对个人、企业和组织收集、记录、提交和维护提供给联邦政府的信息记录所需时间的估计。联邦机构每年根据管理和预算办公室（OMB）的具体指示准备信息收集预算（ICB）请求。这些要求通常包括总结财政年度的努力和计划，以减轻对公众的总体负担。所有机构的信息收集预算（ICB）之和是联邦政府的信息收集预算（ICB）。

附件 4　国防部公共信息收集的批准

1. 获得国防部公共信息收集批准的过程

a. 总则

(1) 管理和预算办公室（OMB）批准公众信息收集的请求，最初涉及编制一份 60 天的公众信息收集通知，该通知在《联邦公报》中公布，以提醒公众拟收集的信息，并邀请公众对该提议发表评论。本通知通过国防部长办公室或国防部部门信息管理控制官（IMCO）转发给国防部信息管理控制官（ICO）发布。本附件第 1b 段提供了有关 60 天通知的更多信息。

(a) 在对 60 天的《联邦公报》通知进行评论的同时，编制了一份管理和预算办公室（OMB）83-I 表格，即“文书工作减少法案提交”的批准文件包。一般来说，批准文件包由需要进行公共信息收集的具体单位与国防部长办公室或国防部部门信息管理控制官（IMCO）一起编制。该包通过国防部长办公室或国防部部门信息管理控制官（IMCO）转发给国防部信息管理控制官（ICO）进行审查和质量控制。国防部信息管理控制官（ICO）向管理和预算办公室（OMB）提交许可文件包，以供审查。

(b) 在 60 天的公众评论期之后，还需要进行 30 天的《联邦公报》通知。在该通知中，将公众评论意见整理汇总，面向公众发布，并宣布已将公共信息收集提交给管理和预算办公室

（OMB）审查。如果公众对评论意见整理汇总情况有意见，向管理和预算办公室（OMB）提出。公共信息收集计划在30天的通知之日开始之时，提交给管理和预算办公室（OMB）。30天的联邦公报通知由国防部信息管理控制官（ICO）编制和转发以供发布。在30天的《联邦公报》通知期结束时，管理和预算办公室（OMB）至少有30天的时间来审查许可方案，并决定是否批准该方案。

（2）在提交许可申请文件包之前，国防部或国防部部门表格管理员可以提交与公共信息收集相关的新表格或修订表格的申请。

（3）一个公共信息收集许可包有三个主要部分：

（a）管理和预算办公室（OMB）83-I表格。管理和预算办公室（OMB）83-I表格是国防部提交给管理和预算办公室（OMB）审查拟议的公共信息收集活动的正式申请。副本可在关联文件（i）处下载。

（b）支持性声明。支持性声明是国防部对公共信息收集活动的法定、法规和程序性理由。模板位于关联文件（i）。

（c）支持性文件。支持性文件包括以下内容（如适用）：

一是规定或授权国防部发布或法规等相关部分的副本。

二是收集工具（表格、调查等）。

三是收集工具随附的说明或指南（填写表格、通知函或电子邮件、同意书等的操作说明）。

四是根据《美国法典》第5编第552a节的要求（在本卷中也称为“1974年隐私法”），提供隐私法记录系统通知、隐私法声明或隐私法咨询和隐私影响评估（PIA）的副本，。

五是已发布的60天联邦公报的副本。

（4）在关联文件（i）中，提供了 60 天和 30 天联邦公报通知的模板。

b. 联邦公报通知。关联文件（e）要求在建立公共信息收集时在《联邦公报》中发布两份通知。模板位于关联文件（i）。

（1）60 天联邦公报通知

（a）在向管理和预算办公室（OMB）提交许可文件包以供批准之前至少 90 天，由提出公共信息收集申请的国防部长办公室或国防部部门编制，并转发以供发布。

（b）本通知提醒公众，正在考虑收集公共信息，并就提案的某些方面征求意见。对 60 天通知的意见提交给提出请求的国防部或国防部部门，供其在制定最终提案时考虑。

（c）有关 60 天通知的意见，载于管理和预算办公室（OMB）83-I 许可文件包的支持性声明第 8 项，该声明将提交管理和预算办公室（OMB）审查和批准。

（d）国防部长办公室和国防部部门信息管理控制官（IMCO），以及公共信息收集行为的具体实施人员，可以通过 www.regulations.gov 访问联邦档案管理系统电子文档来监控和审查评论。在搜索框中输入分配给 60 天通知的档案 ID，将显示包含已发布通知和提交评论的电子档案具体情况。

（e）60 天的通知有效期为 1 年，自联邦公报公布之日起计算。如果在这 1 年内没有向管理和预算办公室（OMB）提交公共信息收集包，则在向管理和预算办公室（OMB）提交许可包之前，必须在《联邦公报》上再发布 60 天的通知。

（2）30 天联邦公报通知。第二份通知提供了 30 天的评论期，在向管理和预算办公室（OMB）提交许可文件包前一周，由国防部信息管理控制官（ICO）准备并转发发布。本通知汇总整理前面 60 天公众提出的意见，并征集对经修改后的拟议信息收集的意见。有关 30 天通知的评论，将直接提交给管理和预算办公室（OMB）主管。

c. 准备管理和预算办公室（OMB）83-I 表格。国防部长办公室和国防部部门必须参考管理和预算办公室（OMB）83-I 表格中，“根据文书工作缩减法请求管理和预算办公室（OMB）审查的指示”中定义的要求。填写管理和预算办公室（OMB）83-I 表格的具体操作方法见关联文件（i）。

d. 准备支持声明。每个管理和预算办公室（OMB）83-I 许可包都必须提交一份支持声明。在完成管理和预算办公室（OMB）83-I 许可文件包时，必须遵守的支持性声明大纲见关联文件（i）。每一个正在讨论的主题都将在大纲中标明其标题，例如“1. 需要信息收集”，或“2. 使用已有信息”。当一个主题与公共信息收集请求不相关时，行动官员将输入该主题的标题，说明“本节不适用”，并解释原因。行动官员不能简单地输入“不适用”。

e. 管理和预算办公室（OMB）83-I 许可文件包流程。当管理和预算办公室（OMB）83-I 许可文件包开发完成后，整个包将经历以下步骤：

（1）通过国防部长办公室或国防部部门信息管理控制官（IMCO）审查。行动官员将以电子媒介向国防部长办公室或国防部部门信息管理控制官（IMCO）提交经签署的管理和预算办公室（OMB）83-I 许可文件包原件，国防部长办公室或国防部部门信息管理控制官（IMCO）将进行彻底审查，确保整个提案完整无误。任何可在国防部长办公室或国防部部门信息管理控制官（IMCO）级纠正的错误，必须在将包转发给国防部信息管理控制官（ICO）之前纠正。

（a）国防部长办公室或国防部部门信息管理控制官（IMCO）将以电子方式向国防部信息管理控制官（ICO）发送许可

文件包。在管理和预算办公室（OMB）的联合信息系统（ROCIS）中的“创建”列表上提交的内容位于系统的评审部分，供国防部信息管理控制官（ICO）审查。

(b) 国防部长办公室或国防部部门信息管理控制官（IMCO）不得（通过扫描或电子转换）将整个软件包数字化为一个文件。许可包的各个组成部分被上传到管理和预算办公室（OMB）“1995年文书工作削减法（PRA）”模块的多个位置。

(c) 国防部信息管理控制官（ICO）对支持声明文件的更正。所有更正将与国防部长办公室或国防部部门信息管理控制官（IMCO）讨论。如果需要大量更正，国防部信息管理控制官（ICO）将返回支持声明文件。

(2) 合规性。此外，在提交管理和预算办公室（OMB）83-I许可文件包之前，国防部长办公室或国防部部门信息管理控制官（IMCO）必须确保收集符合：

(a) 隐私要求。如果公共信息收集需要提供个人识别信息，则需要与国防部长办公室或国防部部门隐私官员协调，以确定是否符合关联文件（m）。国防部长办公室或国防部部门隐私官员的审查必须包括：

一是符合隐私保护要求的声明。

二是要求更正以使共公信息收集符合隐私保护的要求。

三是审查隐私法声明或隐私法咨询。

四是如有需要，对隐私影响评估（PIA）进行审查。

五是审查收集公民社会保障号码（SSN）的理由或其削减计划。

(b) 数据安全要求。国防部长办公室或国防部部门首席信息官审查公共信息收集，以确保其符合关联文件（o）至（q）中的数据保护和使用要求。

（c）记录管理要求。国防部长办公室或国防部部门记录官员审查公共信息收集，以确保已根据参考文件（e）第31章，确定适当的国家档案和记录管理局批准的记录计划和处置。

（d）调查审查要求。如果收集工具是调查，行动官员将遵循关联文件（j）中的程序。国防人力数据中心（DMDC）将确保国防部长办公室或国防部部门遵循管理和预算办公室（OMB）关于关联文件（i）中统计信息收集的指南。

（e）人类主体保护要求。如果公共信息收集是国防部涉及人类受试者的研究，则根据关联文件（r），需要豁免决定或机构审查委员会批准。

（f）表格管理要求。如果公共信息收集工具必须作为一种形式加以控制，行动官员将遵循国防部统一的表格管理要求。

（g）国防部内部信息收集要求。如果信息是从国防部长办公室和国防部部门或其他联邦机构雇员处收集的，请求的国防部长办公室或国防部部门除管理和预算办公室（OMB）批准程序外，还必须进行成本估算，并按照关联文件（h）中的程序与响应的国防部长办公室和国防部部门及其他联邦机构协调。需要注意的是，公开募捐的费用应当在支持声明中提供。

（h）总法律顾问办公室审查要求。如果公共信息收集是敏感的、高度关注的或政治性质的，行动官员必须咨询国防部长办公室或国防部部门的法律总顾问。

（i）协调汇总表。与监督本节第e（2）（a）段至第e（2）（h）

段要求的官员的协调，见管理和预算办公室（OMB）“文书工作缩减法案提交协调汇总表”。该表格可在关联文件（i）中找到。

（3）支持性声明。国防部长办公室或国防部部门信息管理控制官（IMCO）必须：

（a）检查支持支持性声明，以了解是否需要进行该项公共信息收集、收集到的公共信息如何使用，以及是否存在重复的公共信息收集。

(b)检查电子信息收集技术的使用是否已在支持性声明中阐述。

（c）如果应答者在支持性陈述中提出了需要保密承诺的声明，检查国防部长办公室或国防部部门是否有权作出保密承诺,以及是否有适当的保护措施来保护数据。1974 年的《隐私法》并未规定国防部长办公室或国防部部门有权提供保密承诺。《隐私法》允许国防部长办公室和国防部部门在法律允许的范围内提供数据保护。

（d）确保在支持声明中充分解释负荷小时计算的方式。

（4）国防部表格。国防部长办公室或国防部部门信息管理控制官（IMCO）必须：

（a）审查拟议的公共信息收集，以确定是否必须根据国防部表格计划将收集工具作为一种形式加以控制。

（b）咨询国防部部门表单管理人员。

（c）按关联文件（f）所提出的要求，确保表单在右上角有显示管理和预算办公室（OMB）控制编号和到期日期的规定，以及联邦机构披露通知（AND）。

（d）在提交管理和预算办公室（OMB）83-I 许可文件包之前，

确保表单已经过协调，并且是最终的草稿格式。

(e) 确保电子表单在60天公共信息收集通知的评论期之前或期间，经过可用性测试。

(5) 调查。国防部长办公室或国防部部门信息管理控制官（IMCO）检查测量仪器的一致性。行动官员将要求国防人力数据中心（DMDC）人员分析办公室（OPA）调查专家，就调查的技术和科学方面提供协助，作为对归类为调查的公共信息收集进行必要审查。国防部长办公室或国防部部门信息管理控制官（IMCO）将检查所述调查是否符合关联文件（j）。

(6) 提交国防部信息管理控制官（ICO）审查。国防部信息管理控制官（ICO）在将所有国防部公共信息收集包提交给管理和预算办公室（OMB）之前，对其进行审查。包括检查管理和预算办公室（OMB）83-I许可文件包的完整性、所收集信息的实用性，以及对负担估计数的解释是否清楚。如果提交的材料有问题，国防部信息管理控制官（ICO）将联系国防部长办公室或国防部部门信息管理控制官（IMCO），让提交包的办公室解决问题。如果因实际情况无法解决所述问题，必须返回带有书面解释的包。

(7) 提交管理和预算办公室（OMB）

(a) 管理和预算办公室（OMB）标准。根据所提议的公共信息收集活动的类型，管理和预算办公室可以对其进行不同程度的深入审查。关联文件（i）提供了管理和预算办公室（OMB）提出的典型问题的示例。

(b) 公共访问。为使公众能够参与并在审批过程中提供意见，管理和预算办公室（OMB）将提供其文件供公众查阅。

当公众参与审批过程将出现以下情形时，管理和预算办公室（OMB）可修改或放弃向公众提供材料的要求：

一是使信息收集的目的发生偏离；

二是危害专有、商业秘密或其他机密性信息；

三是违反州或联邦法律；

四是严重干扰国防部履行法定义务的能力。

当出现上述情形时，国防部长办公室或国防部部门信息管理控制官（IMCO）将确保管理和预算办公室（OMB）83-I 许可文件包中不包括任何不能向公众披露的材料，并在包转发时通知国防部信息管理控制官（ICO）。

（c）管理和预算办公室（OMB）的最终审批

管理和预算办公室（OMB）有 60 天的时间审查公共信息收集请求，并根据审查结果采取行动。管理和预算办公室（OMB）审查期从管理和预算办公室（OMB）收到公共信息收集请求时开始。公共信息收集请求在联邦公报上公布 30 日的第一天提交给管理和预算办公室（OMB）。在 30 天的公开评论期过后，管理和预算办公室（OMB）才能对公共信息收集请求采取行动。然后，管理和预算办公室（OMB）还有 30 天的时间来审查公共信息收集请求。管理和预算办公室（OMB）将提出以下四种最终审批结论：

一是批准公共信息收集包；

二是有条件批准；

三是退回修改；

四是驳回申请。

如果管理和预算办公室（OMB）在 60 天内没有采取行动，超过其审批周期的最长限制，公共信息收集请求者可以要求管理和预算办公室（OMB）分配一个控制号。该控制号有效期不超过1年。

如果公共信息收集请求获得批准，管理和预算办公室（OMB）将分配一个管理和预算办公室（OMB）控制号，通常有效期不超过3年，并通知国防部信息管理控制官（ICO）。

（d）批准通知。国防部信息管理控制官（ICO）收到管理和预算办公室（OMB）的书面通知，并将该通知转发给国防部长办公室或国防部部门信息管理控制官（IMCO）。国防部长办公室或国防部部门信息管理控制官（IMCO）将管理和预算办公室（OMB）通知分发给国防部长办公室或国防部部门负责收集公共信息的行动官员。

（e）上诉条款。如果管理和预算办公室（OMB）不批准公共信息收集，并且国防部长办公室或国防部部门希望对决定提出上诉，则将咨询相应的国防部长办公室或国防部部门信息管理控制官（IMCO）或国防部信息管理控制官（ICO），以确定最佳行动方案。

2. 修订或扩展先前批准的国防部公共信息收集的程序

a. 重大修改或扩展。必须通过提交另一个公共信息收集包来完成主要修订或扩展。

b. 小幅修改。小的修改通常可以通过提交管理和预算办公室（OMB）表格83-C“文书工作缩减法案变更工作表”来完成。该表格将由国防部信息管理控制官（ICO）与国防部长办公室或国防部部门信息管理控制官（IMCO），以及出资的国防部长办公室或国防部部门一起编制和处理。小的修改不会实质性地修改信息收集。一个小的修改包括减少负担时间、答卷人数、年度报告或记录保存费用。

c. 紧急延期

（1）管理和预算办公室（OMB）强烈反对使用紧急延期，只有紧急延期请求符合关联文件(e)中规定的要求紧急批准的标准时，才会考虑使用紧急延期。没有充分的规划或行政监督，就不需要使用紧急延期。

（2）可通过提交管理和预算办公室（OMB）表格 83-E“文书工作缩减法案紧急延期”，请求最长 90 天的紧急延期。国防部长办公室或国防部部门将提交一份请求，包括延期的理由，在管理和预算办公室（OMB）批准到期前至少 2 周，通过国防部长办公室或国防部部门信息管理控制官（IMCO）提交给国防部信息管理控制官（ICO）。国防部信息管理控制官（ICO）处理管理和预算办公室（OMB）表格 83-E。

3. 停止先前批准的国防部公共信息收集的程序

a. 国防部长办公室或国防部部门请求终止。通过提交管理和预算办公室（OMB）表格 83-D“文书工作缩减法案收集终止表”来实现公共信息收集的终止。国防部长办公室或国防部部门信息管理控制官（IMCO）向国防部信息管理控制官（ICO）提交一份包括终止理由的请求。国防部信息管理控制官（ICO）将编制和处理管理和预算办公室（OMB）表格 83-D。如果项目在 3 年到期日之前完成，或某个计划被取消，则可以停止收集。

b. 违反文书削减法。当国防部长办公室或国防部部门的管理和预算办公室（OMB）83-I 包,未在批准的到期日通过国防部信息管理控制官（ICO）提交给管理和预算办公室（OMB）时，国防部信息管理控制官（ICO）将处理管理和预算办公室（OMB）83-D 表以停止收集，直到国防部长办公室或国防部部门提供管理和预算办公室（OMB）83-I 包，以恢复公共信息收集。如果收集停止，国防部长办公室或国防部部门在管理和预算办公室（OMB）批准恢复收集之前无法收集信息。违反《1995 年文书工作削减法》的行为将报告给联邦行动署署长和管理和预算办公室（OMB）。管理和预算办公室（OMB）在年度信息收集预算（ICB）中向国会报告违规行为。

4. 紧急许可申请

a. 管理和预算办公室（OMB）标准。在国防部内部，在下列情况下，国防部首席信息官或指定人员可以请求对信息收集进行紧急处理：

（1）当在关联文件（e）中规定的时间期限到期前需要收集信息，并且对国防部的任务至关重要时。

（2）当国防部不能合理遵守关联文件（e）规定的正常程序时，因为：

（a）如果遵循正常的清理程序，可能会造成公共伤害。例如，如果防治公共卫生流行病的战略，依赖于需要立即部署的调查中的信息，则可以预防公共伤害。

（b）发生了意外事件。意外事件的一个例子是自然灾害，导致需要迅速向受害者提供福利。

（c）使用正常的程序有可能阻碍或干扰信息收集，或有可能导致错过法定的最后期限。如果通过了一项新的法规，要求在关联文件（e）所要求的明显较短的时间内进行公共信息收集，则有必要使用紧急许可程序。

b. 有限的批准。管理和预算办公室（OMB）批准给紧急处理程序的信息收集的控制编号的有效期不超过申请批准之日起 180 天。在 180 天期间，国防部长办公室或国防部部门必须使用正常处理程序准备后续管理和预算办公室（OMB）83-I 许可文件包。

c. 管理和预算办公室（OMB）83-I 许可文件包。请求紧急处理时需要额外的文件和国防部首席信息官的批准。国防部首席信息官批准向管理和预算办公室（OMB）提出的公共收集紧急处理请求。国防部长办公室和国防部部门行动官员必须与国防部长办公室或国防部部门信息管理控制官（IMCO）和国防部信息管理控制官（ICO）协商，以获得将公共信息收集作为紧急情况处理的额外指导。

d. 提前计划。国防部长办公室和国防部部门必须提前计划，以避免中断正在进行的采办项目职责。缺乏规划和行政监督将不会被用来规避关联文件（e）的时间规定。

5. 国防部公共信息收集清单

a. 概述。管理和预算办公室（OMB）维护一个已批准的公共信息收集清单，用于生成报告。管理和预算办公室（OMB）清单也用于制定下一财政年度的信息收集预算（ICB）。

b. 与信息收集预算（ICB）的关系。国际竞争委员会通常致力于减少国防部强加给公众的负担时间，而管理和预算办公室（OMB）批准的公共信息收集清单反映了国防部目前强加给公众的实际负担时间。保持公共信息收集清单为最新状态，是国防部有效管理项目的关键。

c. 更改库存。通过提交管理和预算办公室（OMB）83-I 许可文件包、管理和预算办公室（OMB）83-C 表、管理和预算办公室（OMB）83-E 表或管理和预算办公室（OMB）83-D 表，可以启动对管理和预算办公室（OMB）库存的更改。

d. 特别请求报告。无论何时，国防部长办公室和国防部部门信息管理控制官（IMCO）都可以获得特别请求报告。这些报告用于对公共信息收集进行内部审查。国防部信息管理控制官（ICO）通应当在 10 个工作日内作出回应。

国防部指示：DoDI 7750.07

发布日期：2014 年 10 月 10 日

国防部表格管理程序

1. 目的

a. 根据国防部指令 DoDD 5144.02（关联文件 b）的授权，重新发布国防部指示 DoDI 7750.07（关联文件 a），以建立政策、分配职责，并提供管理国防部表格管理计划的程序，符合关联文件（c）、关联文件（d）、关联文件（e）和关联文件（f）。

b. 授权通过国防部 7750.07-M（关联文件 g）制定和更新实施指南。本指示对应的手册（关联文件 g）将提供国防部表格管理计划的实施程序、标准、规则和条款。

2. 适用性

本指令适用于国防部长办公室、军事部门、参谋长联席会议主席办公室和联合参谋部、作战司令部、国防部监察长办公室、国防机构、国防部现场活动，以及国防部内的所有其他组织实体（在本指令中统称为“国防部部门”）。

3. 政策

a. 国防部表格必须满足有效需求。表格中收集的信息必须是完成任务所必需的，也是国防部高效、经济运作所必需的。

b. 国防部表格的设计必须明确，数据标准化，便于处理和检索所收集的信息。根据关联文件（d）第 35 章的文书工作缩减法案要求，需要管理和预算办公室批准的国防部表格必须：

（1）随附说明页或根据公法 111-274（关联文件 h）和 DoDI 5025.13（关联文件 i），以普通语言编写的一套说明的链接。此策略不适用于标牌和标签等情况。

（2）根据关联文件（h）、关联文件和（i），以及关联文件（d）中的公共保护条款，展示以普通语言编写的机构披露声明。

c. 必须尽可能利用信息技术制作、分发和使用表格，并记录、储存和传播在这些表格上输入的信息。使用电子形式进行记录默认的，使用其他形式的记录应当特别说明。

d. 电子表格的设计应符合参考文件（f）第 1194 部分和国防部手册 DoDM 8400.01-M（参考文件 j）的规定，为残疾人提供方便。该设计将允许使用辅助技术的人员访问填写和提交表格所需的信息、字段元素和功能。

e. 标准化的国防部表格必须尽可能在整个国防部使用。

f. 根据 DoDI 1000.30（关联文件 k），国防部表格中社会保障号码的使用将尽可能减少或取消。

g. 需要管理和预算办公室批准的国防部表格将根据管理和预算办公室备忘录（关联文件 l），在 60 天公共信息收集通知的评论期之前或期间进行预先测试。

h. 使用国防部表格以电子方式收集的个人信息，只有在必要时才能获得和维护。为确保正在开发和使用的辅助信息技术保护和保护公众的隐私，必须根据 DoDI 5400.16（关联文件 m）进行隐私影响评估。

i. 国防部表格的设计必须符合管理和预算办公室备忘录 M-13-13（关联文件 n）的要求，因为创建公共收集表格是为了支持信息系统的互操作性，应当使用主要责任办公室确定的机器可读和开放格式。

4. 责任

见附件 2。

5. 程序

见附件 3。

6. 可释放性

允许公开发布。

7. 生效日期

a.2014 年 10 月 10 日生效。

b. 根据 DoDI 5025.01（关联文件 o）的规定，如果在该日期之前未重新发布或取消，则将于 2024 年 10 月 10 日到期。

目　录

附件 1　关联文件

（a）国防部指令 7750.07，“国防部表格管理计划”，2007 年 4 月 20 日（特此取消）

（b）国防部指令 5144.02，“国防部首席信息官”，2013 年 4 月 22 日

（c）联邦法规第 41 篇

（d）美国法典第 44 卷

（e）联邦法规第 5 篇

（f）联邦法规第 36 篇

（g）国防部 7750.07-M，“国防部表格管理程序手册”，2008 年 5 月 7 日，修订版

（h）公法 111-274，“2010 年明文法”，2010 年 10 月 13 日

（i）国防部指令 5025.13，“国防部普通语言计划”，2013 年 4 月 11 日，修订版

（j）国防部手册 8400.01-M，“确保国防部组织采购的电子和信息技术可用性的程序”，2011 年 6 月 3 日

（k）国防部指令 1000.30，“国防部内社会保障号码使用的减少”2012 年 8 月 1 日

（l）管理和预算办公室备忘录，“测试和简化联邦表格”，2012 年 8 月 9 日

（m）国防部指令 5400.16，“国防部隐私影响评估指南”，2009 年 2 月 12 日

（n）管理和预算办公室备忘录 M-13-13，“开放数据政策：管理信息

资产”，2013 年 5 月 9 日

（o）国防部指令 5025.01，“国防部发布计划”，2014 年 6 月 6 日

（p）国防部指令 5110.04，“华盛顿总部服务处”，2013 年 3 月 27 日

（q）国防部指令 5015.2，“国防部记录管理计划”，2000 年 3 月 6 日

（r）行政指示 86，“国防部长办公室表格管理计划”，2006 年 3 月 10 日

（s）国防部指令 5400.11，“国防部隐私计划”，2007 年 5 月 8 日，修订版

（t）国防部 5400.11-R，“国防部隐私计划”，2007 年 5 月 14 日

（u）国防部指令 8910.01，“信息收集和报告”，2014 年 5 月 19 日

（v）国防部手册 5200.01，第 4 卷，“国防部信息安全计划：受控非保密信息”，2012 年 2 月 24 日

（w）国防部手册 5200.01，第 2 卷，“国防部信息安全计划：标记机密信息”，2012 年 2 月 24 日，修订版

（x）国防部 4525.8-M，“国防部官方邮件手册”，2001 年 12 月 26 日

附件 2 责任

1. 国防部首席信息官

根据关联文件（b），国防部首席信息官 ：

a. 建立和更新国防部表格管理计划的政策，并监督对本指令的遵守情况。

b. 就表格管理政策事宜代表国防部向其他政府机构进行沟通。

c. 促进国防部表格的标准化。

d. 解决国防部表格管理政策实施过程中可能出现的冲突。

e. 与华盛顿总部服务部主任协调发布关联文件（g）。

2. 华盛顿总部服务部主任

在副首席管理官的授权、指导和控制下，华盛顿总部服务部主任 ：

a. 保持本指示与关联文件（g）和关联文件（o）一致。

b. 代表国防部与其他政府机构和非政府组织沟通处理表格管理业务事宜。对于表格管理政策事项，在代表国防部进行沟通之前，与国防部首席信息官办公室协调。

c. 根据 DoDD 5110.04（关联文件 p）和适用的国防部政策、联邦法律和法规，建立和管理国防部表格管理计划。指定一名国防部表格管理官员监督国防部表格管理计划。

d. 根据关联文件（c）第 102-194 部分，履行国防部标准表格和可选表格联络代表的职责。

e. 确保国防部表格管理官员：

（1）在提交给美国总务管理局之前，审查国防部关于标准表格和可选表格的创建、修订、取消或例外的请求，并根据审查结论决定是否批准所述请求,以符合本指令和适用的联邦法规和指令。

（2）维护标准表格和可选表格的例外清单，并使该清单可供国防部部门使用。

（3）审核和批准或不批准 DD 表格的创建、修订和取消，或标准表格和可选表格的例外情况，以及 DD 表格，并确保它们与本指示和关联文件（c）和（g）一致。国防部表格管理官员没有权力批准国防部部门特定表格的例外，除非是 DD 表格、标准表格或可选表格的例外。

（4）确保所有 DD 表格的设计符合现有的联邦和国防部表格设计标准。

（5）决定是否批准创建和使用 DD 表格的所有电子版本。

（6）与国防部各部门一起，对 DD 表格进行定期审查，以确定持续的需求和有效性,取消重复或不必要表格,并提高表格的可用性。

（7）在国防部表格管理计划网站上发布 DD 表格清单。此清单提供了当前已批准和已取消的 DD 表格的列表。

（8）根据关联文件（c）第 102-193 部分，以及 DoDD 5015.2（关联文件 q）的规定，为每个 DD 表格保留必要的管理信息和历史记录，包括保留表格从创建到取消的所有版本；维护和处置这些记录，包括电子记录。

f. 根据行政指示 86（关联文件 r)，建立和管理国防部长办公室表格管理程序。国防部表格管理官员指定一个国防部长办公室表格管理官员，或国防部表格管理官员兼任国防部长办公室表格管理官员，来监督国防部长办公室表格管理程序。国防部长办公室表格管理官员就有关表格管理的所有问题，为国防部长办公室和各国防部部门表格管理联络点提供指导和帮助。

3. 国防部部门负责人

a. 根据本指示和关联文件（g），在各自的管辖领域内建立并实施表格管理计划。

b. 指定一个国防部部门表格管理官员，代表其各自国防部部门的利益，与国防部表格管理官员沟通。根据关联文件（r），国防部长办公室表格管理官员与国防部长办公室表格管理联络点，负责国防部表格管理事宜的联络协调，各国防部部门表格管理官员在国防部长办公室表格管理官员的组织之下，进行协调合作。

c. 向国防部表格管理官员提供创建、修改和取消 DD 表格的所有请求，或获取 DD 表格、标准表格及可选表格的例外情况，并确保这些请求符合本指示和关联文件（c）和关联文件（g）的要求。最终的批准决定由国防部表格管理官员提出。

d. 根据现有的联邦和国防部设计标准，设计所有国防部部门内部使用的表格。

e. 决定是否批准其国防部部门内部表格的所有电子版本的创建和使用。

f. 将上述内部表格送至国防部表格管理官员进行备案。只有经国防部表格管理官员备案之后，上述内部表格才可以在国防部部门范围内使用。

g. 确保电子表格的设计符合关联文件（f）和关联文件（j）中为残疾人提供无障碍设计的要求。使用电子表格时，表格将允许使用辅助技术的人员访问填写和提交表格所需的信息、字段元素和功能。

h. 确保用于公共信息收集的国防部表格在 60 天公共信息收集通知的

评论期之前或期间，按照关联文件（l）进行预先测试。

i. 确保按照 DoDD 5400.11（关联文件 s）和 DoD 5400.11-R（关联文件 t）的要求，审查收集个人身份信息的表格。

j. 定期审查现有的国防部部门表格，并协助国防部表格管理官员定期审查 DD 表格，以确定持续的需求和有效性。确定使表格标准化、取消重复或不必要的表格，以及提高表格在责任区的可用性。

k. 保存一份经批准的国防部部门表格的清单，识别那些经批准用于电子生成的表格。

l. 确保按照关联文件（q）对国防部部门表格进行适当的生命周期管理。

m. 使用最有效、最具成本效益的方法复制、存储和分发国防部表格。

n. 制定并分发获得标准表格和可选表格的国防部部门指南。

4. 国防部长办公室各组成部门的负责人

除了履行本部分第 3 条和关联文件（r）中的职责外，各国防部长办公室组成部分负责人还应当指定一名表格管理联络官员，与国防部长办公室表格管理官员就国防部长办公室表格管理事宜开展合作，为国防部表格管理官员提供联络和协助。

附件 3　程序

1. 范围

以下程序适用于国防部表格的开发和使用，包括不同类型的表格（如标准表格、可选表格、DD 表格、国防部部门表格），以及表格可用的不同媒体（如纸张、电子）。

2. 指导方针

a. 表格使用的优先顺序为：

（1）根据关联文件（c），经美国总务管理局批准的，在政府范围内强制使用的标准表格。

（2）根据关联文件（c），经美国总务管理局批准的，在政府范围内非强制性使用的可选表格。

（3）标准表格和可选表格的例外情况，由各联邦机构自行审查批准。

（4）华盛顿总部服务处下设的国防部表格管理办公室批准的 DD 表格，该表格在国防部范围内使用。

（5）国防部部门批准的国防部部门表格，该表格仅在国防部部门内部使用。

b. 在可能的情况下，必须使用优先顺序将较低级别、重复或冗余的表格合并为较高级别的表格。

c. 任何表格的创建、修订、取消或例外，必须由利益相关的国防部部门发起，并在使用前，必须由相对应层级的表格管理官员批准。

d. 任何与现有标准表格、DD 表格或国防部部门表格具有相同或实质性相同目的的表格，不得获得批准。

e. 尽可能使用信息技术，通过设计、标准数据收集、分发和电子表格使用来提高工作效率。

f. 对于从其他政府机构、公众或国防部收集的信息，必须获得适当的批准和许可，并按照关联文件（e）第 1320 部分和 DoDI 8910.01（关联文件 u）的要求，在表格上明确无误的展示。

g. 必须在表格上显示适当的标记，以防止未经授权披露表格上“仅供官方使用”的信息和机密信息。含有“仅供官方使用”信息的表格，应当按照 DODM 5200.01 第 4 卷（关联文件 v）进行标记。包含机密信息的表格应按照 DODM5200.01（关联文件 w）第 2 卷进行标记。

h. 隐私法声明或隐私建议，包括隐私法记录系统通知或隐私影响评估的标识和链接（如有需要），必须显示在用于根据关联文件（s）和关联文件（t）收集个人信息的表格上。使用时，这些语句必须按照关联文件（h）和关联文件（i）的要求，用普通语言编写。

i. 美国邮政管理局的邮政条例所涉及的相关表格，将按照国防部 4525.8-M（关联文件 x）的规定，以邮政邮寄的形式实施。

j. 本部分第 2 条所列程序，不适用于下列情况 ：

（1）专门用于加密活动。

（2）作为调查的一部分只使用一次。

（3）没有输入信息的空间，例如说明书和公告、小册子、通知、合同条款、标牌、某些标签、图案字母、指南字母和格式字母。但是，这些项目可以分配表格编号，并通过国防部或国防部部门表格管理程序进行控制，以供打印和分发。

附件 4　相关概念的定义

这些概念适用于本指示。

1. DD 表

国防部表格管理办公室批准的表格，供两个或多个国防部部门使用。有两种类型的 DD 表：

强制性使用型：该类型的 DD 表适用的所有国防部部门必须使用。

非强制性使用型：国防部部门的使用是可选的。通常，此类表格由国防部部门与一个或多个其他国防部部门共同发起。

2. 国防部部门表格管理官员

是国防部部门的联络点，负责国防部部门的表格管理程序。

3. 国防部部门表格

国防部部门批准的表格，仅在该国防部部门内部使用。国防部部门表格有以下四类：

国防部部门类。国防部或国防部长办公室部门表格管理官员批准的表格，供国防部部门所属的两个或多个单位共同使用。

国防部部门下级单位类。 由国防部部门的下级单位发起的一种表格，由管理出版物规定，供该国防部部门的下级单位的多个办公室使用。

国防部部门内设机构类。 国防部部门内设机构负责人批准的一种表格，由管理出版物规定，供一个以上的内设机构使用。

国防部部门单一局部类。国防部部门的某一下级单位独自使用的表格，或国防部部门的某一内设机构独自使用的表格。此类表格不涉及二个或两个以上的国防部部门下级单位，也不涉及二个或两个以上的国防部部门内设机构，其使用不必经管理出版物规定。

4. 国防部表格管理官员

负责根据本指示和关联文件（p）管理国防部表格管理计划的职位。

5. 电子表格

电子媒介中的一组官方规定的数据，用于产生镜像或尽可能接近镜像。电子表格也可以是这样一种表格，其中用于收集数据的规定字段可以通过信息系统进行集成、管理、处理或传输。

6. 例外情况

已获得批准的表格更改其内容、格式或打印规范。例外情况可能适用于所有类型的表格（如国防部部门表格、DD 表格、可选表格、标准表格）。

7. 表格

标题空间的固定排列，设计用于输入和提取规定的信息。表格可以是预印的纸质表格或电子表格。

8. 格式

一种指南、表格或样品，它说明了一种预定的排列或布局，用于显示信息。大多数格式基本上都是叙述性的，受访者提供所需信息所需的空间也大不相同。

9. 可选表格

为两个或多个联邦机构使用而开发的表格，经美国总务管理局批准，用于非强制性用途。此类表格的可用性通常由编制表格和赞助表格开发的机构公布。

10. 国防部长办公室组成部分表格管理联络点

国防部长办公室作为国防部的指挥管理中枢，地位非常重要，组成人员较多，包括国防部长、国防部副部长、若干助理国防部长、首席管理官、首席信息官等重要人物。国防部长办公室下设若干机构（组成部分）。国防部长办公室下设的每个组成部分中，都有一个负责实施国防部长办公室表格管理程序的官员，即国防部办公室组成部分表格管理联络点，其与国防部长办公室表格管理官员之间，就所有表格管理事宜进行联络协调。

11. 国防部长办公室表格管理联络点

负责监管整个国防部长办公室表格管理计划的官员。国防部长办公室表格管理官员就国防部长办公室中有关表格管理的所有问题，向各国防部长办公室组成部分表格管理联络点提供指导和帮助。

12. 标准表格

一种由联邦机构根据其权限规定，并经美国总务管理局批准，用于政府范围内强制使用的表格。这种强制性使用通常在发行机构的条例中规定。

国防部副首席管理官第 86 号行政指示

发布日期：2014 年 11 月 12 日

国防部长办公室表格管理程序

1. 目的

a. 根据国防部指令 DoDD 5110.04（关联文件 b）的授权重新发布行政指示 86（关联文件 a）。

（1）根据国防部指示 DoDI 7750.07（关联文件 c）的要求，管理国防部长办公室表格管理程序。

（2）处理由国防部长办公室制定的国防部长表格。

（3）处理新的和修订的国防部表格、标准表格、可选表格和国防部 7750.07-M（关联文件 d）中提及的国防部部门提出的标准表格和可选表格例外情况请求。

b. 补充关联文件（c）和关联文件（d），以完善国防部长办公室表格管理程序。

c. 授权在国防部表格管理计划网站上发布 SD 表格。

2. 适用性

a. 适用于国防部长办公室、军事部门、参谋长联席会议主席办公室和联合参谋部、国防部监察长办公室、国防机构、国防部现场活动，以及由华盛顿总部服务处提供服务的 SD 表格的其他用户（在本行政指示中统称为“华盛顿总部服务处服务部门”）。

b. 适用于 SD 表格的创建、修订、取消、分发和使用，无论是硬拷贝、软拷贝还是其他媒体（如 Excel 电子表格）。

c. 不适用于以下表格：

（1）专门用于密码活动的表格。

（2）使用关联文件（d）中定义的格式，如指南、表格、样本或图表。

（3）不包含输入信息的空间。例如，说明表、公告、小册子、通知、合同条款表、标语牌、图案字母、指南字母和格式字母。这些项目可以分配表格编号，并通过关联文件（d）中定义的国防部表格管理计划进行控制。

（4）国防部监察长办公室用于履行其审计、调查、评估和检查职责的表格。

3. 责任

见附件 2。

4. 程序

见附件 3。

5. 可释放性

允许公开发布。

6. 生效日期

本行政指示于 2014 年 11 月 12 日生效。

附件 1　关联文件

(a) 行政指示 86,“国防部长办公室表格管理计划”,2006 年 3 月 10 日，经修订（特此取消）

(b) 国防部指令 5110.04，“华盛顿总部服务处”，2013 年 3 月 27 日

(c) 国防部指令 7750.07，“国防部表格管理计划”，2014 年 10 月 10 日

(d) 国防部 7750.07-M,“国防部表格管理程序手册”,2008 年 5 月 7 日，修订版

(e) 行政指示 15，“国防部长办公室记录和信息管理计划”，2013 年 5 月 3 日

(f) 国防部指令 5400.11，“国防部隐私计划”，2014 年 10 月 29 日

(g) 国防部指令 1000.30，“国防部内社会保障号码使用减少”，2012 年 8 月 1 日

(h) 联邦法规第 36 章

(i) 国防部 8400.01-M，“确保国防部组织采购的电子和信息技术的可访问性的程序”，2011 年 6 月 3 日

(j) 公法 111-274，“2010 年明文法”，2010 年 10 月 13 日

(k) 国防部指令 5025.13，“国防部普通语言计划”，2013 年 4 月 11 日，修订版

(l) 管理和预算办公室备忘录，“测试和简化联邦表格”，2012 年 8 月 9 日

(m) 美国法典第 44 卷

附件 2　责任

1. 华盛顿总部服务部主任

在国防部副首席管理官的授权、指导和控制下，通过国防部副首席管理官办公室行政主任，华盛顿总部服务部主任根据关联文件（b）和关联文件（c），管理国防部长办公室表格管理程序。

2. 执行服务办公室主任

在华盛顿总部服务部主任的授权、指导和控制下，通过国防部长办公室表格管理官：

a. 通过开发和更新此行政指示，为实施国防部长办公室表格管理程序提供指导。

b. 在国防部各部门和国防部首席信息官之间，就所有表格的政策事项进行联络。

c. 就有关表格管理的所有问题向表格联络人提供指导和协助。

d. 在现有人力限制范围内，为新的和修订的国防部长办公室部门表格提供表格设计服务。

e. 满足国防部长办公室表格管理计划的目标：

（1）确保表格满足有效性要求，并且是国防部长办公室高效、经济运行所必需的。

（2）通过开发易于填写、阅读、传输、处理和检索的表格，最大限度地降低使用表格的成本。

（3）通过适当的设计和清晰的说明，增加表格信息的有用性。

（4）促进表格的标准化和整合；使用技术促进表格的创建、分发和使用；使用表格中信息的通用定义。

（5）维护必要的管理信息以及每个 SD 表格的历史记录，包括从创建到取消的所有表格版本。根据行政指示 15（关联文件 e）维护和处置这些记录，包括电子记录。

3. 华盛顿总部服务处各部门负责人

a. 遵守各自组织的国防部长办公室表格管理计划。

b. 以书面表格指定个人作为国防部长办公室部门表格联络人，代表国防部长办公室部门利益与国防部长办公室表格管理官进行沟通协调。

c. 通过各自的国防部长办公室部门表格联络人向国防部长办公室表格管理官提交所有表格请求、操作或查询。国防部长办公室表格管理官提供最终审批意见。

d. 审查根据 DoDD 5400.11（关联文件 f）收集个人身份信息的表格。

e. 根据 DoDI 1000.30（关联文件 g），尽可能减少或消除表格中社会保障号码的使用。

f. 与国防部长办公室部门的记录管理官员协调表格，要求提供表格，以确保已根据关联文件（g）确定适当的记录处理计划。

g. 确保表格在使用前已被相关国防部长办公室部门和国防部长办公室表格管理官批准用于电子用途。

h. 根据联邦法规第 36 章（关联文件 h）和国防部 8400.01-M（关联文件（i）的要求，设计符合残疾人无障碍使用的电子表格。使用电子表格时，表格将允许使用辅助技术的人员访问填写和提交表格所需的信息、字段元素和功能。

i. 对于需要管理和预算办公室根据关联文件（d）第 35 章的“文书工作缩减法”要求批准的表格，提供一个说明页或一个链接，指向根据公法 111-274（关联文件 j）和 DoDI 5025.13（关联文件 k），以普通语言编写的一组说明。

j. 对于用于公共信息收集的表格，提供用普通语言编写的机构披露声明。

k. 根据管理和预算办公室备忘录（关联文件 l），在 60 天公共信息收集通知的评论期之前或期间，提供用于公共信息收集的测试表格。

l. 定期审查表格，以确定持续的需要和有效性。确定使表格标准化、取消重复或不必要的表格，以及提高表格在责任区的可用性。

m. 使用最有效、成本效益最高的方法复制、存储和分发表格。

n. 为获得标准表格和可选表格开发和分发国防部部门指南。

附件 3　程序

1. 国防部长办公室部门表格联络人充当其部门和国防部长办公室表格管理官之间的联络人。

2. 表格联络人将确保其各自的国防部长办公室部门拟定的表格，符合本行政指示和关联文件（c）、关联文件（d）和关联文件（e）。表格联络人为国防部长办公室部门用户提供指导和帮助。

3. 在提出创建国防部长办公室部门表格的请求之前，主要责任办公室和表格联络人将研究现有表格库存，以验证现有表格不能满足要求。

4. 确保表格有规定的文件或发行。所述文件或发行必须在新的或修订的表格批准之前或同时发布或更新。表格必须按规定使用。

5. 为了创建或修改国防部长办公室部门表格，表格主要责任办公室将向其表格联络人提交一份完整的名为“表格处理行动请求”的第 67 号 DD 表格，以及其他支持文件（例如，社会保险号码证明、记录系统通知等），以便进行协调，并转发给国防部长办公室表格管理官。

6. SD 表格将由国防部长办公室下属的表格管理办公室，按照关联文件（d）中的表格设计指南进行设计。

7. 如果由于重组或其他因素导致的国防部长办公室部门表格的属性更改，表格联络人应当通知国防部长办公室表格管理官。

附件 4　相关概念的定义

1. 机构披露声明

根据《美国法典》第 44 编第 35 章的公共保护规定（关联文件 m）要求的披露通知。公共保护条款要求每个联邦机构显示当前有效的管理和预算办公室控制编号，并告知应答者，尽管有任何其他法律规定，如果没有显示当前有效的管理和预算办公室控制编号，任何人都不会因未能遵守信息收集而受到任何处罚。

2. DD 表格

国防部表格管理官批准的支持信息收集要求的表格，授权在国防部内部或外部使用，该表格的使用对象为 2 个以上国防部部门。表格编号以“DD”开头。

3. 规定的 DD 表格

它由国防部的主要责任办公室创建，是硬拷贝、电子或其他媒体格式。应当按照关联文件（d）的规定使用该表格。

4. 采用的 DD 表格

用于两个或多个具有共同需求的国防部部门的可选使用。它的使用是由国防部部门制定的法规、手册或指令规定的，层次相对于“规定的 DD 表格”较低，也并非强制使用。

5. 表格

在任何媒介中收集的一组官方规定的数据，以支持信息收集要求。

6. 表格联络人

国防部长办公室部门中负责协调和实施国防部长办公室表格管理程序的人员。

7. SD 表格

经国防部长办公室表格管理官批准，并授权在国防部长办公室内部使用的表格。表格编号以“SD”开头。它是由国防部长办公室中的主要责任办公室创建的，是硬拷贝、电子或其他媒体格式。表格的使用可以是规定的，也可以是采用的。

8. 规定的 SD 表格

由国防部发布的两个或多个国防部长办公室部门使用的规定，其使用具有强制性。

9. 采用的 SD 表格

用于两个或多个具有共同要求的国防部长办公室部门的可选使用。其使用由国防部发布或各国防部长办公室部门备忘录规定。

国防部手册：DoDM 7750.08

国防部表格管理程序手册

目的：根据国防部指令 DoDD 5105.82、DoDD 5105.53、2014 年 7 月 11 日国防部副部长备忘录、2018 年 2 月 1 日国防部长备忘录，以及国防部指示 DoDI 7750.07 中的授权，本手册规范了国防部表格管理程序。

目　录

a. 标准表格

b. 可选表格

c.DD 表

d.SD 表

e. 国防部或国防部长办公室部门内部使用的表格

4.2. 在文件和发行中规定和引用表格

4.3. 适用法规和程序

a. 国防部信息收集计划

b. 隐私计划

c. 减少公民社会保障号的使用

d. 美国邮政服务要求

第 5 节：创建或修订 DD 表格和 SD 表格

5.1. 概述

a.DD 表格和 SD 表格请求包

b.DD 表格和 SD 表格申请程序

c. 测试表格

5.2. 主要责任办公室转移

5.3. 国防部和国防部长办公室部门表格

第 6 节：国防部表格设计指南

6.1. 概述

6.2. 国防部设计指南

a. 外形尺寸

b. 边框和边距

c. 表格布局

d. 表格字体样式

a. 空白表格

b. 填写好的表格

8.2. 表格控制

a. 受保护的表格

b. 控制表格的分发和使用

第 9 节：表格分发

9.1. 电子媒介

9.2. 纸质媒介

第 10 节：表格的取消

10.1. DD 表格和 SD 表格

10.2. 国防部和国防部长办公室部门表格

第 11 节：标准表格和可选表格

11.1. 概述

11.2. 取消标准表格和可选表格

附件 1：相关概念的定义

附件 2：关联文件

第 1 节　一般发行信息

1.1. 适用性

本手册适用于国防部长办公室、军事部门、参谋长联席会议主席办公室和联合参谋部、作战司令部、国防部监察长办公室、国防机构、国防部现场活动和国防部内的所有其他组织实体（除国防部长办公室外，其余机构统称作为国防部部门）。

1.2. 政策

国防部表格根据 DoDI 7750.07 进行设计、协调、批准和发布。

第 2 节　责任

2.1. 华盛顿总部服务部主任

在国防部首席管理官的授权、指导和控制下，华盛顿总部服务部主任：

a. 建立和管理国防部表格管理程序。

b. 通过华盛顿总部服务处执行服务理事会的指令，确保国防部表格管理官完成以下职责：

（1）作为整个国防部长办公室的表格管理官员，为各个国防部长办公室部门的表格管理官员提供指导和帮助。在这个角色中，国防部表格管理官员：

（a）进行定期审查，以确保国防部和国防部长办公室部门的表格管理官员遵循 DoDI 1000.30 中包含的国防部表格管理程序的政策，并确保这些政策和程序在每个国防部部门的表格管理程序和相关通知中得到实施。

（b）维护国防部表格管理程序的专门网站，该网站是国防部所有表格和国防部使用表格的单一信息来源。

（c）代表国防部就表格管理事宜与其他政府机构相协调。

（d）确保国防部内的所有表格都提升到表格指定的最高级别（例如，当一个以上的军事部门使用表格时，确保表格符合国防部 DD 表格和陆军部 DA 表格的要求）。

（2）对于 DD 表格和 SD 表格：

（a）审核所有创建、修改或取消 DD 表格和 SD 表格的请求，并根据审核情况确定审批结果，即明确所述请求是否得到批准。

(b) 通知所有受影响的国防部和国防部部门任何新的、修订的或取消的 DD 表格或 SD 表格，并为所有 DD 表格和 SD 表格分配表格编号和版本日期。

(c) 审查国防部和国防部部门对 DD 表格和 SD 表格的例外请求。

(d) 定期审查所有有效的 DD 表格，以了解持续的需求、有效性、可能的合并，以及是否符合政策和程序；消除重复的 DD 表格和 SD 表格。

(e) 根据 DoDI 7750.07 和本手册，设计所有 DD 表格和 SD 表格，根据需要创建或批准创建 DD 表格和 SD 表格，并批准创建所有 DD 表格和 SD 表格的电子版本。

(f) 确认所有要求个人识别信息的 DD 表格和 SD 表格包含适当的隐私法案声明或隐私咨询。

(g) 维护一个数据库，生成所有当前和取消的 DD 表格的准确清单。

(h) 为每个 DD 表格和 SD 表格维护必要的管理信息和历史记录，包括保留表格的所有版本以及维护和处理这些记录（包括电子记录）的程序。

(3) 根据 DoDD 5110.04，作为国防部表格管理官员，管理国防部的标准表格和可选表格。

(a) 处理新的或修订的标准表格。

(b) 在标准表格或可选表格实施之前，获得美国总务管理局对每个新的、修订的或取消的标准表格的批准。

2.2. 国防部和国防部长办公室部门负责人

国防部和各国防部长办公室部门负责人：

a. 根据 DoDI 7750.07 和本手册，在其部门内建立并实施国防部表格管理程序。

b. 确保其组织遵守适用的法律法规，包括但不限于《美国法典》第 5 卷第 552 节之规定。

c. 如适用，指定国防部或国防部长办公室部门表格管理官员。

第 3 节　国防部和国防部长办公室部门表格管理官员

国防部部门表格管理官员和国防部长办公室部门表格管理官员必须：

a. 根据 DoDI 7750.07 和本手册管理部门表格。

b. 将相关部门表格管理官员指定文件转发给国防部表格管理官员（如适用）。

c. 对各自的表格管理程序进行审查。

d. 与国防部表格管理官员之间就所有表格事宜进行联络，并就所有表格事宜向其部门用户提供指导和帮助。

e. 对于所在部门的表格：

（1）在设计部门表格时，应遵守 DoDI 7750.07、本手册第 6 节和公法 111-274 之规定。

（2）建立、修订、批准、分发、清点和取消部门表格。

（3）每 5 年审查一次表格的有效性，以进行取消或可能的改进，包括使用基于网络的数据输入等技术改进，并向国防部表格管理官员报告审查结果。在当前版本日期后 10 年内更新或取消表格。

（4）确保部门表格通过表格编号和版本日期正确标识，并且处于表格指定的最高级别。

（5）根据 1974 年《隐私法》、DoDI 5400.11 和 DoD 5400.11-R，确认要求个人识别信息的部门表格包含适当的隐私法声明或隐私咨询。

（6）确认部门表格符合 DoDI 1000.30。

f. 对于 DD 表格和 SD 表格：

（1）在转发给国防部表格管理官员之前，审查所有创建、审查或取消 DD 表格的请求。确认所有转发的请求都已完成且正确。

（2）确认 DD 表格和 SD 表格上的字段名符合 DoDI 8320.02 中的规定（如适用）。

（3）根据 1974 年《隐私法》、DoDI 5400.11 和 DoD 5400.11-R，确认所有要求个人识别信息的 DD 表格和 SD 表格包含适当的隐私咨询或隐私咨询。

（4）通知部门用户所有新的、修订的或取消的 DD 表格和 SD 表格。

（5）确保 DD 表格和 SD 表格在其部门中使用电子版本之前已被批准用于电子用途。

（6）确保 DD 表格或 SD 表格不在国防部部门网站上复制，而是以其他方式链接到国防部表格管理程序网站，以保证国防部表格管理程序网站内容的唯一性和权威性。

（7）确认以任何格式收集社会保障号码的 DD 表格或 SD 表格有收集社会保障号码的充足理由，且符合 DoDI 1000.30 之规定。

g. 对于标准表格和可选表格表格：

（1）定期审查标准表格和可选表格，以确定和实施可能的表格改进、合并和取消。向国防部表格管理官员报告评审结果。

（2）审查所有创建、修改或取消现有标准表格和可选表格的请求，其中国防部部门是主要责任者。

（3）通知用户标准表格和可选表格的更改、修订、例外和取消。

（4）确保标准表格或可选表格不在国防部部门网站上复制，而是以其他方式链接到国防部表格管理程序网站或美国总务管理局表格库网站，以保证所述网站内容的唯一性和权威性。

第 4 节　通用表格管理

4.1. 表格的类型

表格类型由表格的预期用途范围决定，并由表格名称表示。最低层次的表格范围最窄；最高层次的表格范围最广。国防部和国防部长办公室部门表格处于最低级别，仅由单个国防部或国防部长办公室部门使用。标准表格和可选表格处于最高级别，在整个联邦政府中使用。表格应当尽可能标准化到最高使用级别，以便共享每个表格的通用功能，并根据本手册减少国防部内局部使用的唯一表格的总数。随着表格用户范围的扩大，表格必须上升到适当的级别，并且表格名称应当随之更改，以反映其范围。

a. 标准表格

标准表格由美国联邦政府总务管理局批准并要求联邦机构使用。标准表格的使用是通过法律、法规或指令强制执行的。不得使用 DD 表格或部门表格代替标准表格，除非从联邦机构获得例外情况的审批。

b. 可选表格

可选表格是为在两个或多个机构中使用而开发的表格，并由美国总务管理局批准，用于非强制性的政府广泛使用。国防部可以使用 DD 表或部门表代替可选表格；但是，对可选表格的修订必须在实施前得到美国总务管理局的批准。

c.DD 表格

DD 表格供国防部内部使用，并由多个国防部或国防部长办公室部门使用。部门表格管理官员在创建新部门表格之前必须考虑使用现有 DD 表格的可能性。国防部或国防部长办公室部门表格管理官员的重要职责之一，就是将不同部门的相关表格合并为 DD 表格。

d.SD 表格

SD 表格供国防部长办公室内部使用，由多个国防部长办公室部门共同使用，但其作用域不得超出国防部长办公室。各国防部长办公室部门表格管理官员的重要职责之一，就是将相关 SD 表格合并为 DD 表格。SD 表格遵循本手册的 DD 表格中概述的设计和协调程序。

e. 国防部或国防部长办公室部门内部使用的表格

部门表格仅用于由表格名称指示的部门内。例如，DA 表格仅用于陆军。根据部门的表格管理程序，部门级别下可能有多个级别的表格（见表 1）。

表 1　国防部部门 / 国防部长办公室部门表格的分类

如果表格是	并由以下机构规定	那么表格是
国防部或国防部长办公室部门表格管理官员批准	国防部或国防部长办公室部门管理出版物，供部门内的多个单位共同使用	国防部部门类表格
由国防部下属单位发起的表格	由管理出版物规定，供命令中的多个组织使用	国防部部门下级单位类表格
国防部部门内设机构负责人批准的一种表格	由管理出版物规定，供一个以上的内设机构使用	国防部部门内设机构类表格
国防部部门的某一下级单位独自使用的表格，或国防部部门的某一内设机构独自使用的表格	无监管出版物	国防部部门单一局部类表格

4.2. 在文件和发行中规定和引用表格

a. 所有表格必须经文件签发。所述文件必须在每次新的或修订的表格批准之前或同时发布或更新。必须按规定使用表格。与所述文件的任何偏差必须通过主要责任办公室获得国防部表格管理官员的批准。当一个官方文档引用表格时，必须准确无误地在所述文档中显示该表格的签发文件信息。

表 2　授权指定的 DD/SD 表格

如果表格是	并由以下机构规定	那么表格是
国防部或国防部长办公室部门必须使用	公法或国防部发布的文件，如： • 国防部指令 • 国防部指示 • 国防部手册 • 指令型备忘录 • 军用标准 • 联合出版物	规定的表格
可供两个或更多国防部或国防部长办公室部门选用	国防部或国防部长办公室部门的规定、手册或指示	采用的表格

b. 引用表格的文档必须：

（1）在文档中首次引用表格时，必须提供表格名称、编号和标题（例如，第 67 号 DD 表格，“表格处理行动请求”）。在文档中非首次引用表格时，应当有名称和编号（如第 67 号 DD 表格）。当重复标题有助于澄清正文时，非首次引用表格时，也可以显示表格的标题。

（2）说明表格的目的、编制人、如何填写以及何时何地提交。在表格填写说明中，必须记载该表格的批准文件的编号和标题。国防部文件和发布中表格或数据屏幕的说明必须有数据填报的示例，以显示它们的使用方式，并提示用户应当删除数据填报的示例。

（3）标识表格的权威获取途径：

（a）标识表格在互联网上的位置。例如，“国防部表格管理程序网站 https://www.esd.WHS.mil/Directives/forms/”上提供了第 67 号 DD 表格的电子版本。

(b) 标识表格的位置，如果表格不能在国防部表格管理程序网站上获得，应提供其他权威获取途径，所述途径可以被用户识别和使用。

c. 特殊类型文档必须：

(1) 提供安全分类和受控的非保密信息标记，并在表格的规定位置进行标识。

(2) 详细说明被授权申请表格的活动或人员，这些活动或人员可能会欺诈性使用表格，并说明此类表格所需的保障措施。这些保障措施包括维护登记册、信息安全分类，以及受保护表格的丢失或损坏处置方式等。

(3) 解释如果表格不是正常分配得到（例如："标准表格 700 是从 https://www.gsaglobalsupply.gsa.gov 申请的"），则在何处提交表格供应申请。解释性信息必须包括组织的完整名称和获取表格的方法（如邮寄地址）。如果表格可在其他政府网站上以电子方式查阅，请提供统一的资源定位地址。

4.3. 适用法规和程序

公法、国防部公告和国防部计划会影响表格的设计和内容。国防部和国防部长办公室部门的表格管理官员在开发新表格或修改现有表格时，在与主要责任办公室合作时应考虑这些要求。

a. 国防部信息收集计划

国防部信息收集计划由 DoDI 8910.01 建立。国防部手册 8910.01 第 1 卷和第 2 卷提供了附加实施指南。国防部信息收集计划的主要功能之一，是确保国防部进行的信息收集符合所有相关的许可和批准要求。表格用作收集信息的工具，根据其内容和目的，可能需要在用于收集信息之前，将其作为批准过程的一部分，提交给国防部信息收集计划。

DoDM 8910.01 卷 1 中的第 2 条对提交过程和要求提供了具体指导。国防部信息收集计划通过协调第 67 号 DD 表格，将确定表格是否构成需要授权或批准的信息收集。

b. 隐私计划

国防部隐私和公民自由计划由 DoDI 5400.11 进行规范。国防部 5400.11-R 中提供了其他实施指南。国防部隐私计划的主要目的之一，是确保国防部收集、使用、维护或传播符合 1974 年隐私法和其他相关当局的个人识别信息。

c. 减少公民社会保障号的使用

必须尽可能减少或消除社会保障号码的收集。收集社会保障号码的表格必须正确记录使用社会保障号码的权限（即需要收集、保留或使用社会保障号码的书面理由）。有关社会保障号码合理性的指南，请参阅 DoDI1000.30。

d. 美国邮政服务要求

用作邮寄者的表格必须设计为符合美国邮政总局的要求和规范，以及国防部的政策。DoD 4525.8-M 提供国防部邮件的政策和程序。邮件设计要求可在美国邮政服务网站上获得：https://about.usps.com/publications/pub600/pub600_006.htm。表格的格式、内容或结构的更改可能会提高使用效率并降低成本。表格建议必须通过各部门表格管理官员提交，并在表格指定级别获得批准。例如：

陆军部表格必须由陆军处理和批准。

DD 表格和 SD 表格，必须由国防部或国防部长办公室部门主要责任办公室、国防部或国防部长办公室部门表格管理官员和国防部表格管理官员处理和批准。

国防部和国防部长办公室制定的标准表格或可选表格，必须由国防部或国防部长办公室部门主要责任办公室和部门表格管理官员处理和批准，并由国防部表格管理官员进行最终审查，包括向美国总务管理局提供一份副本。

第 5 节 创建或修订 DD 表格和 SD 表格

5.1. 概述

在准备创建 DD 表格或 SD 表格的请求之前，国防部或国防部长办公室部门主要责任办公室或表格管理官员必须研究现有表格的库存，以验证现有表格不能满足要求。表格的主要责任办公室必须根据部门程序向国防部或国防部长办公室部门表格管理官员提交建立、修订 DD 表格或 SD 表格的请求。国防部或国防部长办公室部门表格管理官员必须向国防部表格管理官员提交一份表格申请包，以供审查、设计和批准。

a.DD 表格和 SD 表格请求包

表格请求包必须包括：

（1）提议的新的或修订的表格的草案或模型。

（2）设计表格所需数据元素的列表（如果适用）。

（3）在第 14 栏填写的第 67 号 DD 表格。

（4）用于规定国防部文件或发布的统一资源定位地址，或文件或发布的副本。

（5）当表格填写需要纸张时，打印规范的副本。DoDI 5330.03 为部门印刷服务提供指导。

b.DD 表格和 SD 表格申请程序

（1）国防部或国防部长办公室部门发起申请。

（a）主要责任办公室将联系其国防部或国防部长办公室部门表格管理官员，检查表格清单，以确定是否已有表格可供使用。如果有可用的表格，部门表格管理官员必须结束请求。否则，表格过程将开始。必要时，国防部或国防部长办公室部门的表格管理官员将协助主要责任办公室开发表格包。

（b）完成 DD 表格或 SD 表格请求包。该请求包包括第 5.1.a 段中列出的要素和任何附加的必要文件，如社会保障号码理由备忘录或单独的说明页。国防部或国防部长办公室部门的表格管理官员必须审查请求，以确定请求是否完整，以及是否在允许的范围内适当协调。协调的目的是设计更加良好的表格。国防部或国防部长办公室部门的表格管理官员将与国防部表格管理官员联系，以设计一份草案，在协调 DD 表格和 SD 表格时将其包括在内。

（c）一旦国防部或国防部长办公室部门表格管理官员确定表格包已完成，他们将在第 67 号 DD 表格的方框 19 中进行电子签名，并转发给国防部表格管理官员。

（2）国防部表格管理程序。

国防部表格管理官员必须：

（a）审查 DD 表格或 SD 表格请求包，以确认表格的处置权的需求的适当性，并确保第 67 号 DD 表格和支持文件正确、完整，以及协调是在适当的范围内进行。向国防部或国防部长办公室部门表格管理官员返回不完整的包。

（b）如果 DD 表格或 SD 表格请求包完整准确：

1. 通知主要责任办公室的部门表格管理官员，以及使用该表格的其他国防部或国防部长办公室部门表格管理官员批准，向每个部门提供一份批准的第 67 号 DD 表格。

2. 将电子版表格上传至国防部表格管理程序网站。国防部表格管理程序网站是 DD 表格和 SD 表格的单一信息来源。DD 表格和 SD 表格不得在其他国防部或国防部长办公室部门网站、内部网或公告板上复制。这确保了不受不当操作的影响，以及 DD 表格和 SD 表格的通用性和准确性。

c. 测试表格

（1）国防部或国防部长办公室部门可以选择测试或试验一个或一组表格，以确定在对内容、格式和功能作出最终决定之前获取预期信息的有效性。首先，国防部或国防部长办公室部门将按照第 5.1.b. 段中的程序向国防部表格管理官员提交 DD 表格或 SD 表格包。测试表格带有后缀“TEST”，以区别于最终表格。

（2）测试表格的后缀“TEST”不会超过 1 年。如果测试需要超过 1 年，国防部或国防部长办公室部门表格管理官员必须向国防部表格管理官员提交延期请求，并说明延期的理由和预期的测试期完成日期。

（3）如果在测试年度内表格有变更，则不需要新的第 67 号 DD 表格。每次变更后，国防部表格管理官员都会创建一个新版本，版本号“V1”对应第 1 版，版本号“V2”对应第 2 版，以此类推。表格上都标有创建的表格编号和日期（例如，“第 67 号 DD 表格测试（V2），2004 年 10 月”）。

（4）一旦测试完成，表格准备定稿，新的 DD 表格或 SD 表格包必须提交给国防部表格管理官员。国防部表格管理官员必须从表格中删除后缀“TEST”和任何版本号，并取消测试表格。

5.2. 主要责任办公室转移

如果 DD 表格或 SD 表格的所有权从一个国防部或国防部长办公室部

门转移到另一个部门，接收所有权的主要责任办公室必须对原主要责任办公室的请 x 求，根据实际进行调整，并重新编制第 67 号 DD 表格。为了完成转移，原主要责任办公室必须通过国防部或国防部长办公室部门表格管理官员，同意将 DD 表格或 SD 表格的所有权转移给新的主要责任办公室。

5.3. 国防部和国防部长办公室部门表格

在准备创建国防部或国防部长办公室部门表格的请求之前，主要责任办公室或国防部或国防部长办公室部门表格管理官员，必须研究现有部门的 DD 表格和 SD 表格的库存，以验证现有表格不能满足要求。为了创建或修改部门表格，主要责任办公室必须根据部门程序和规范，向国防部或国防部长办公室部门表格管理官员提交一份完整的第 67 号 DD 表格和其他支持文件。

第 6 节　国防部表格设计指南

6.1. 概述

表格在收集数据和分发信息方面的有效性取决于表格的设计。表格必须易于填写，具有功能布局和收集信息的逻辑顺序。为了协助表格的设计，联邦表格设计和分析采用了公法 111-274 中的指南（见表 3）。

表 3　DD.SD 和部门表格的字体样式

部门	字体大小 *	字母大小写
表格标题	10 号	大写
代理披露声明	8 号	句首字母大写
隐私法声明或隐私咨询标题	8 号，加粗	大写
隐私法声明或隐私咨询主体	8 号	句首字母大写
段落名	8 号，加粗	大写
标题	8 号	大写
表格编号和版本日期	10 号，加粗	大写
接替通知	8 号	大写
* 字体大小可以增加或减少一至二号，这必须在设计过程中确定		

6.2. 国防部设计指南

设计、分析和排版的具体要求必须适用于所有国防部表格（如 DD 表格、国防部和国防部长办公室部门表格）。在编制国防部表格时使用以下设计指南。当特殊要求或表格的功能使用排除了这些标准的使用时，可授予例外。例外情况的规定详见第 7 节。

a. 外形尺寸

（1）如果打印，表格必须设计为 8.5 x 11 英寸。

（2）明信片表格的尺寸必须至少为 3.5 x 5 英寸，最大为 4-1/4 x 6 英寸。

（3）除非主要责任办公室要求，否则不要求正反面打印两页表格。

b. 边框和边距

（1）除证书、标记和标签外，表格的整个正文都必须包含在一个行边框中。

（2）表格的所有四边，使用 1.5 号或 1/48 英寸的实线边框。

（3）除非表格有特殊要求，否则请使用 0.5 英寸的页边距。

（4）使用 1 磅或 1/72 英寸实线划分主要部分。

（5）对于主要部分以内的线条，请使用细线类型（0.5 磅）。

c. 表格布局

（1）表格必须设计为方框样式，可填充字段具有左上角的标题。

（2）按填写顺序排列和编号项目，数字必须在方框标题前的左上角。

（3）将表格上的常用项组合在一起，可以使用小节。如果多个数据元素属于同一个区域，则使用一个节。必须将节标题设置为左对齐。

（4）根据 2010 年《便签法》，国家档案局要求签名人的打印或打印姓名必须在签名栏之外单独填写一个字段或一块。

（5）所有邮寄者或自行邮寄者必须符合现行美国邮政管理局的规定。国防部邮件程序见国防部手册 DoD 4525.8-M。

d. 表格字体样式

文字字体为 Arial 字体，8 号（用于标题）和 Times New Roman 字体，10 号（用于正文）（见表 3 对于标题字体大小的规定）。

e. 表格标题、编号、日期、处置权或程序说明

(1) 表格标题

如果可能，将标题放在表格的顶部居中，或左上角，在边框内。标题必须简短、具体和有意义。删除任何不必要的单词，如“表格”或“标签”。如果表格没有标准页边距，请将标题、表格编号和版本日期放在最合乎逻辑的位置。

(2) 第一页的表格编号和日期

(a) 将表格编号和版本日期放在边框外的左下角空白处。

(b) 以大写字母显示表格名称，以指示表格的使用范围、表格类型和负责的表格管理机构（例如，“DD”“国防部部门/国防部长办公室部门”等）。

(c) 在表格名称后加上后缀“表格”，然后加上表格编号（如第 67 号 DD 表格）。创建新表格时，表格编号将按顺序分配。以前分配的表格编号不会重复使用。

(d) 显示版本日期，该日期由批准表格版本的月份和年份组成，格式为“MMM YYYY”，使用月份和 4 位数年份的所有大写字母（例如，“MAR 2019”）。将其放在紧跟表格编号的左下角。

(3) 表格编号和版本日期显示在第二页

如果表格要用纸正反面打印，请在第二页的编辑日期后加上“(back)”（例如，“DD form XXXX，MAR 2019（back)”）。如果表格仅在电子媒介中，请使用表格右下角的“第 X 页，共 X 页”。

(4) 规定权限和程序指令

包括处置权限和程序说明，带有超链接，用于表格标题正

下方、居中、表格边框内。如果没有程序说明，例如手册，则仅列出授权文件名称。

对于本手册表 2 中“规定的表格”和“采用的表格”，按以下要求执行：

（a）规定的 DD 表

“此表格的处置权是 DoDI XXXX。有关此表格的使用，请参阅 DoDM XXXX。”

（b）采用 DD 表格

采用的 DD 表格，由国防部或国防部长办公室部门使用该表格规定。采用的 DD 表格将包括所有国防部长办公室和国防部组成部门的权限，例如“此表格的处置权限是空军部和海军部。”

f. 表格编号中使用的后缀

（1）添加到 DD 表格编号的数字后缀显示表格序列。

（2）在一系列相关表格（如 DD 表格 XXXX-1、XXXX-2）的第一个表格中添加“-1”，其后类推。

（3）在与表格相关联的一系列页面中的第一个表格（例如，DD 表格 XXXX/1、XXXX/2）中添加“/1”，其后类推。

（4）如果国防部表格管理官员认为合适，可以添加附加后缀。添加到 DD 表格编号的其他后缀表示以下内容。

（a）为续页添加后缀“C”（如第 67 号 DD 表格 C）。

（b）为表格中的说明页添加后缀“INST”。

（c）为测试表格添加后缀“TEST”。

（d）为工作表添加后缀“WS”。

g. 替换通知

将替换通知放在表格底部边框外的中心。表格上使用的标准替换通知包括：

（1）“以前的版本已过时。”此表格的以前版本不再被授权使用。

（2）“将使用以前的版本。”本表格的以前版本被授权使用。

（3）“替换已作废的 DD 表格 XXXX。”此表格替换已标识且不再授权使用的表格。

h. 管理和预算办公室控制编号和有效期

管理和预算办公室控制编号和过期日期，必须显示在用于从公众收集信息的表格上。

（1）根据 DoDI 5025.13，需要管理和预算办公室批准的表格必须附有一个说明页或一组用普通语言编写的说明的链接。

（2）机构披露通知必须显示在所有需要管理和预算办公室控制编号的表格上。通知必须显示在表格顶部，紧靠在表格标题和管理和预算办公室控制符号的下方。根据 DoDM 8910.01 第 1 卷和第 2 卷，使用如图 1 所示的机构披露通知：

i. 隐私法声明或隐私咨询

如果根据 1974 年《隐私法》和国防部 5400.11-R 的规定，需要使用隐私法声明或隐私咨询，则必须以下列方式之一显示。

（1）在标题下面的表格上。如果表格有机构披露通知，请将隐私法声明放在其正下方。

（2）在表格背面。在表格标题的正下方注明“填写表格前，请阅读背面的隐私法声明或隐私建议”。

（3）采用单独的表格，与信息收集表格配套分发。单独表格上显示的隐私法声明或隐私咨询通常文字量比较大，并且适用于同一目的使用的一种或多种表格。

j. 说明

说明的位置应与整个表格一致。说明只应为填写表格提供指导，不得通过说明来制定政策或分配责任。

（1）如果说明简短，则可以将其包含在单独的标题框中，或包含在块标题或标题后的括号中。

（2）可以使用电子表格软件提供的“提示工具”来添加说明，以帮助用户快速准确地填写表格。

（3）如果说明很长，可以将其分为若干列，并在适当的情况下放在表格上，或者可以在单独的页面上发布。说明的篇幅应受到限制。

k. 缩写和首字母缩略词

第一次使用缩略语和首字母缩略词时，请将其拼写出来，并在括号中加上缩略语或首字母缩略词。之后，只使用缩写或首字母缩略词。常见的、广为人知的首字母缩略词也可以例外。

l. 在表格上使用插图或图形

禁止使用装饰性插图或图形，包括官方标志。插图或图形只有在起作用时才能使用。

m. 可填充字段

（1）字段名

如果表格有关联的数据库，请使用主要责任办公室提供的数据元素。不要用数字开始或结束字段。字段名中不要包含空格、特殊字符、标点符号或其他数据库不能识别的符号。

（2）格式化字段名

根据主要责任办公室提供的指导，确定字段中的字符数。数据字段将在所有表格中保持一致。示例包含以下内容：

(a)将日期字段格式化为 4 位数的年、2 位数的月和 2 位数的日，“YYYYMMDD”，字段长度固定为 8 个字符。

（b）将社会保障号码字段格式化为数字固定字段，长度为 11，即“NNN-NN-NNNN”的字符

n. 签名字段

（1）国家档案和记录管理局要求签名人的打印姓名有一个单独的块或字段。主要责任办公室需要确定，数字签名是否会在签名后锁定特定字段。

（2）将国防部识别号格式化为数字字段，长度为 10，即“nnnnnnnn”的字符

o. 测试电子表格

表格设计者、国防部或国防部长办公室部门表格管理官员，以及主要责任办公室，必须在表格发布前测试已完成设计的表格，以确保它们正常工作。

p. 可用性

为了使表格可以为包括残疾用户在内的所有用户使用，表格的设计应简单易用，并包含有意义的标题和清晰简洁的说明（见 DoDM8400.01.）

q. 锁定最终表格

锁定最终表格的目的，是便收集作为信息接收者的主要责任办公室指定的格式和顺序。申请未锁定的表格时，必须有充分的理由。从国防部表格管理程序办公室获得进一步指导。

r. 定密

国防部或国防部长办公室部门的表格管理官员必须在第 67 号 DD 表格上说明表格是否被定密。部门表格管理官员或主要责任办公室必须根据 DoDM 5200.01 第 1-4 卷的要求，提供表格上定密标记的说明。

6.3. 国防部和国防部长办公室部门扩展设计

国防部和国防部各部门可在第 111-274 号公法和本手册指导方针的基

础上，对国防部和国防部各部门表格的设计、分析和排版进行扩展。所有补充都需要国防部表格管理官员批准。

6.4. 设计过程

表格设计必须满足国防部和国防部长办公室部门主要责任办公室需求，并符合美国总务管理局和国防部设计指南。为确保满足这些要求，国防部或国防部长办公室部门主要责任办公室和表格管理官员必须在整个设计过程中与表格管理程序合作。

a. 起草表格

国防部表格管理官员设计所有 DD 表格和 SD 表格。

（1）表格主要责任办公室必须与国防部或国防部长办公室部门表格管理官员合作，以产生新的或修订的表格草案。草案可以是表格布局的铅笔草图、钢笔和墨水批注、解释现有表格更改的详细电子邮件或其他适当的描述方法。初稿，连同一份完整的第 67 号 DD 表格、一份授权文件或发布的副本，必须通过国防部或国防部长办公室部门表格管理官员提交给国防部表格管理官员审查、设计和批准。

（2）国防部表格管理官员必须编制该表格的草案。表格必须在左下角标记为草案，并在表格编号旁边输入草案日期。草案日期将随着每次迭代而改变，以帮助在整个设计过程中跟踪表格。国防部表格管理官员必须通过国防部或国防部长办公室部门表格管理官员将表格草案返回国防部或国防部长办公室部门主要责任办公室，以供审查和验收。

（a）如果国防部或国防部长办公室部门主要责任办公室对草案做了实质性修改，主要责任办公室必须通过国防部或国防部长办公室部门表格管理官员向国防部表格管理官员发送一封详细修改说明，详细修改说明可以使用电子邮件或一份有标记的纸质副本进行发送。国防部表格管理官员进行更改后，将分配新的起草日期，表格将通过国防部或国防部长办公室部门表格管理官员转发给主要责任办公室接收。这一过程将一直持续，直到主要责任办公室解决了与表格设计有关的所有问题，并接受该设计为最终设计。

(b) 如表格草案只需稍做更改，则主要责任办公室可接受注明更改的表格。主要责任办公室必须向国防部或国防部长办公室部门表格管理官员发送一封电子邮件，说明接受编辑并说明细微更改，或发送一份反映所需更改的标记表格。

(c) 如果国防部或国防部长办公室部门主要责任办公室接受草案而未做任何更改，则主要责任办公室必须向国防部或国防部长办公室部门表格管理官员发送接收编辑的电子邮件。

(d) 国防部表格管理官员必须在表格经上述过程通过验收后，确定最终的表格，并指定表格编号和版本日期。如果表格是打印项目，国防部表格管理官员必须将定稿表格的扫描件转发给使用国防部或国防部长办公室部门的表格管理官员，以进行打印和分发。如果表格是电子版本，表格管理官员必须将表格相关信息加载到国防部表格管理程序网站。

b. 国防部和国防部长办公室部门表格

国防部和国防部长办公室部门表格的设计程序，由国防部或国防部长办公室部门表格管理官员定义。

第 7 节　DD 表格的例外情况

7.1 概述

a. 例外是指表格的正常规定用途与实际需要之间的偏差。除非例外理由充分、合理，并且例外得到批准，否则所有 DD 表格必须按规定使用。例外的批准适用于整个国防部或国防部长办公室部门。

b. 表格内容、格式的更改可能是一个例外。如果纸质版表格未经授权进行电子生成，则表格内容的使用也可用于电子数据交换格式。将规定的纸质版表格生成电子版表格，不属于例外，不需要得到批准；但是，将电子版表格转换为纸质版表格，属于例外，需要得到批准。

7.2 例外情况的处理

书面请求或电子邮件必须定义用户的表格要求，说明 DD 表格请求的例外类型，并提供解释需要对例外进行审批的理由。

a.DD 表格的例外请求，必须由提出请求的国防部或国防部长办公室部门办公室发送，并通过其国防部或国防部长办公室部门表格管理官员提交给国防部表格管理官员。

b. 国防部表格管理官员必须审查该请求，以验证对 DD 表格例外的需求，验证该请求是否正确和完整，并确定特定请求的例外是否已被批准用于国防部或国防部长办公室部门。

c. 国防部表格管理官员必须通过电子邮件，将审批决定转发给请求的国防部或国防部长办公室部门表格管理官员。

7.3 电子表格例外情况

DD 表格和 SD 表格的电子版本，由国防部表格管理官员授权创建。对于将 DD 表格和 SD 表格的电子版本转换为纸质版本的例外请求，必须得到国防部表格管理官员的审查和批准，国防部和国防部长办公室部门表格管理官员无权进行处置。

7.4 国防部或国防部长办公室部门表格

国防部或国防部长办公室部门表格例外的处理程序，由国防部或国防部长办公室部门参照本手册自行建立。

第 8 节　表格的安全和控制

8.1 表格安全

DoDM 5200.01 卷 1-4 提供机密和受控非机密信息的保护政策。

a. 空白表格

大多数空白表格是不涉及军事秘密的。当空白表格被视为机密或包含受控的非机密信息时，必须在表格的设计、打印、分发和储存中遵循适当的安全程序。

b. 填写好的表格

当填写好的表格被定密或包含受控的非分类信息时，必须在表格的传送、分发和归档过程中遵循适当的安全程序。

8.2. 表格的控制

当需要对表格的分发保持控制时，必须采用表格的保护和登记的程序及方法。

a. 受保护的表格

这些表格必须保存在经批准的数据库或文档存放地点，并且只能由经授权的个人或机构使用。

b. 控制表格的分发和使用

（1）表格的连续编号有助于表格分发和使用的控制和问责。必须在打印规范中定义对连续编号表格的需求。表格控制需求可能需要为使用特定表格的国防部或国防部长办公室部门分配排他序列号段。

（2）当连续编号的表格系列是必要的（当不能有任何丢失或重复的编号时），打印规范必须规定保证编号准确要求。但是，确保表格系列的完整性的代价是很高的，只有在必要时才应指定。

第 9 节　表格的分发

9.1 电子媒介

a. 国防部表格管理程序网站提供了官方电子 DD 表格和 SD 表格。

b. 国防部和国防部长办公室部门必须链接到国防部表格管理程序网站，而不是在自己的网站上复制或修改所述表格。这是为了防止用户检索过时和可能过时的表格。部门主要责任办公室和部门表格管理官员可以请求例外，并转发给国防部表格管理官员。

c. 公众可从国防部表格管理程序网站下载 DD 表格和 SD 表格。

9.2 纸质媒介

a. 除非另有规定，所有 DD 表必须设计并提供电子版。对于电子填写不实用或需要特殊用途（如标签和标签）的结构特征的表格，可以使用纸质媒介。

b. 国防部和国防部部门 DD 表格的用户应联系国防部或国防部长办公室部门表格管理官员，以获取有关部门分发或获取物理复制表格程序的信息。

c. 如果合同中有规定，承包商可从其工作的国防部或国防部长办公室部门获得必要的表格。与表格库存或可访问性有关的具体问题，应向国防部或国防部长办公室部门表格管理官员提出。

第 10 节　表格的取消

10.1. DD 表格和 SD 表格

DD 表格或 SD 表格的取消必须通过国防部表格管理官员或部门表格管理官员进行。要取消 DD 表格或 SD 表格 ：

a. 国防部或国防部长办公室部门表格管理官员必须向国防部表格管理官员提交一份完整的第 67 号 DD 表格。

b. 国防部或国防部长办公室部门表格管理官员或主要责任办公室，必须通知所有国防部和国防部长办公室部门取消其使用的 DD 表格或 SD 表格的计划。国防部或国防部长办公室部门表格管理官员或主要责任办公室必须说明不再需要该表格的原因，并确定已取消表格的替代表格。

c. 如果所有用户都同意取消，主要责任办公室必须通过其国防部或国防部长办公室部门表格管理官员（如适用），通知国防部表格管理官员。

d. 如果某个部门不同意拟议的表格取消计划，国防部或国防部长办公室部门表格管理官员必须重新检查表格，以确定在第 67 号 DD 表格上，是否无须不同意部门的协调，即可取消表格。

e. 国防部或国防部长办公室部门表格管理官员将向国防部表格管理官员提供其调查结果，并通知国防部表格管理官员提出取消表格的部门是否打算继续。

f. 国防部表格管理官员必须审查第 67 号 DD 表格，并处理取消申请。如果取消请求被批准，所有原始第 67 号 DD 表格上的协调办公室将被包括在取消表格的通知中。

g. 国防部表格管理官员批准撤销 DD 表格或 SD 表格后，必须将第 67

号 DD 表格的签字副本转发给国防部或国防部长办公室部门表格管理官员，以及第 67 号 DD 表格所列的国防部和国防部长办公室部门。

h. 取消信息必须载入国防部表格管理程序网站。

i. 国防部或国防部长办公室部门表格管理官员必须通知部门的所有用户表格已被取消。

10.2. 国防部和国防部长办公室部门表格

若要取消国防部或国防部长办公室部门表格，表格的主要责任办公室必须联系国防部或国防部长办公室部门表格管理官员，了解部门的规定。

第 11 节　标准表格和可选表格

11.1. 概述

美国总务管理局根据美国总务管理局手册，为美国联邦机构提供标准表格和可选表格计划的指导和帮助。国防部表格管理官员是国防部的主要联络点，直接与美国总务管理局合作，处理与标准表格和可选表格有关的事宜，以及这些表格的例外情况。建立或修订标准表格或可选表格的国防部或国防部长办公室部门主要责任办公室，必须向其表格管理官员提交请求。国防部或国防部长办公室部门表格管理官员必须向国防部表格管理官员提交表格请求包，后者必须验证该包，并将其转发给美国总务管理局批准。

11.2. 取消标准表格和可选表格

取消标准表格和可选表格的请求，只能通过主要责任办公室提出。要取消国防部资助的标准表格或可选表格，主要责任办公室必须：

a. 提交一份完整的 152 号标准表格，其表格标题为“标准或可选表格的批准或取消申请”，并由国防部或国防部长办公室部门表格管理官员进行数字签名后，转发给美国总务管理局。

b. 宣布取消联邦公报上的标准表格和可选表格，并说明取消原因。

c. 美国总务管理局批准后，将批准的 152 号标准表格的副本转发给负责的国防部或国防部长办公室部门表格管理官员。

附件 1　相关概念的定义

除非另有说明，本条款及其定义仅适用于本手册。

1. 机构披露通知

根据《美国法典》第 44 卷第 35 章第 1 节的公共保护规定，涉及公众信息收集的表格，公共保护条款要求每个联邦机构显示一个当前有效的管理和预算办公室控制编号，并告知应答者，尽管有任何其他法律规定，如果没有显示一个当前有效的管理和预算办公室控制编号，任何人都不得因未能遵守信息收集而受到任何处罚。机构披露通知是必需的。

2. DD 表格

国防部表格管理官员批准的表格，供两个或多个国防部或国防部长办公室部门使用。

3. 国防部表格管理官员

根据 DoDD 5110.04，国防部表格管理官员是负责管理整个国防部表格管理程序的职位。国防部表格管理官员同时还兼任整个国防部长办公室的表格管理官员（国防部长办公室视为一个国防部部门）。

4. 国防部表格管理程序网站

国防部表格的互联网门户，带有国防部和国防部长办公室部门表格的超链接。该网站是国防部资助的国家安全局的官方网站。

5. 国防部或国防部长办公室部门表格管理官员

国防部或国防部长办公室部门中负责国防部或国防部长办公室部门表格管理程序的官员。

6. 国防部或国防部长办公室部门表格

国防部或国防部长办公室部门表格管理官员批准的表格，仅供国防部部门或国防部长办公室部门内部使用。

7. 版本日期

一个表格被定稿并批准使用的月份和年份。对于 DD 表格，版本日期格式 为“MMM YYYY”，例如第 67 号 DD 表格，2014 年 6 月。

8. 电子数据交换

实体之间以标准格式进行的计算机对计算机的业务数据交换。

9. 电子表格

存放在电子介质中的一组官方规定的数据，用于产生官方规定表格（也被识别为计算机生成表格）的镜像。电子表格还可以包含用于收集数据的规定字段，这些数据可以通过组织的信息处理系统（也称为基于 Web 的表格）。

10. 表格

标题空间的一种固定的排列方式，用于快速有效地收集、组织和传送规定的信息。填妥的表格即为记录，因此必须符合《联邦法规》第 41 编第 102-193 和 102-194 部分引用的所有规定。

11. 表格名称

表格编号的字母序列，它标识表格的发布者。例如，表格名称“DA”表示该表格由陆军部颁布。

12. 格式

一种指南、样品或展示物，它说明了用于呈现数据的预定安排或布局。大多数格式基本上都是叙述性的，受访者提供所需信息所需的空间也大不相同。在项目的安排和布局简单灵活，以及答卷人数相对有限的情况下，通常使用固定的格式。

13. 许可

批准信息收集的行为，即许可证授权主要责任办公室从指定的应答者处收集批准的信息。应答者可以是国防部组织或人员、其他联邦机构或公众成员。

14. 可选表格

一种由联邦机构开发的表格，供两个或多个联邦机构使用，并经美国总务管理局批准，非强制性的用于政府范围内使用。无论表格是纸质的还是电子的（见《联邦法规》第 41 编第 102-194.15 部分），该标准都是相同的。

15. 主要责任办公室

负责特定表格的总体所有权的国防部或国防部长办公室部门。本概念与标准表格和表格管理程序的“发布机构”相对应。

16. 隐私法声明

根据《美国法典》第 5 卷第 552a(e)(3)条和管理和预算办公室第 A-108 号通告的要求，向被要求提供自己信息以纳入记录系统的个人提供的声明，以使该个人能够就提供所需信息作出知情决定。《隐私法》声明的要素包括：(1) 授权征集信息的机构名称（无论是法规或行政命令授予的），以及披露此类信息是强制性的还是自愿的；(2) 信息拟用于的主要目的；(3) 本次信息收集所依据的法律、法规或规章制度；(4) 不提供所要求的全部或部分资料，将对个人的影响（如有的话）；(5) 对有关信息管理系统的适当介绍，及链接地址（如适用）。

17. 隐私咨询

当《隐私法》声明的全部要求不适用时，向某人提供有关个人的信息如何被保存或将被保存的建议的声明。

18. 公众

公众包括个人、合伙企业、协会、公司、商业信托、法律代表、有组织的个人团体、州、地区、部落、地方政府或其部门。对联邦政府现任雇员在其工作范围内收集信息时，所述联邦政府现任雇员不被视为公众成员。

19. 表格保护

为保护表格而规定措施和控制的表格。此表格可能很敏感，容易被不正当的使用。所需的标记（如有）和安全指南见 DoDM 5200.01 第 1 卷至第 4 卷。这些标记和指南在表格的生命周期中使用。

20. SD 表格

在国防部长办公室内部使用的一种表格，由多个国防部长办公室部门共同使用，其范围不超出国防部长办公室。国防部长办公室中的部门表格管理官员，应当尽可能将相关 SD 表格合并为 DD 表格。SD 表格遵循本手册的 DD 表格中概述的设计和协调程序。

21. 标准表格

一种由联邦机构开发的表格，供两个或两个以上的联邦机构使用，并经美国总务管理局批准在政府范围内强制使用。无论表格媒介是纸质的还是电子的，该标准都是相同的（见《联邦法规》第 41 编第 102-194.10 部分）。

22. 接替通知

一种通知，指明被取代的表格的现有库存是否可以使用或过时。

附件 2　关联文件

1. 行政指示 15，“国防部长办公室记录和信息管理计划”，2013 年 5 月 3 日，修订版

2. 联邦法规第 41 篇

3. 国防部副部长备忘录，“副首席管理官办公室重组”，2014 年 7 月 11 日

4. 国防部 4525.8-M，“国防部官方邮件手册”，2001 年 12 月 26 日，修订版

5. 国防部 5400.11-R，“国防部隐私计划”，2007 年 5 月 14 日

6. 国防部指令 5105.53，“行政和管理主任”，2008 年 2 月 26 日

7. 国防部指令 5105.82，“国防部副首席管理官”，2008 年 10 月 17 日

8. 国防部指令 5110.04，“华盛顿总部服务处”，2013 年 3 月 27 日

9. 国防部指令 1000.30，“国防部内社会保障号码使用减少”，2012 年 8 月 1 日

10. 国防部指令 5015.02，“国防部记录管理计划”，2015 年 2 月 24 日，修订版

11. 国防部指令 5025.13，“国防部普通语言计划”，2020 年 1 月 23 日

12. 国防部指令 5330.03，“国防后勤局文件服务”，2006 年 2 月 8 日，修订版

13. 国防部指令 5400.11，“国防部隐私和公民自由计划”，2019 年 1 月 29 日

14. 国防部指令 7750.07，“国防部表格管理计划”，2014 年 10 月 10 日

15. 国防部指令 8320.02，“国防部数据、信息和信息技术（IT）服务共享”，2013 年 8 月 5 日

16. 国防部指令 8910.01，“信息收集和报告”，2014 年 5 月 19 日

17. 国防部手册 5200.01，第 1 卷，“国防部信息安全计划 ：概述、定密和解密”，2012 年 2 月 24 日，修订版

18. 国防部手册 5200.01，第 2 卷，“国防部信息安全计划 ：信息标记”，2012 年 2 月 24 日，修订版

19. 国防部手册 5200.01，第 3 卷，“国防部信息安全计划 ：机密信息保护”，2012 年 2 月 24 日，修订版

20. 国防部手册 5200.01，第 4 卷，“国防部信息安全计划 ：受控非保密信息（CUI）”，2012 年 2 月 24 日，修订版

21. 国防部手册 8400.01，“信息和通信技术的可访问性”，2017 年 11 月 14 日

22. 国防部手册 8910.01，第 1 卷，“国防部信息收集手册 ：国防部内部信息收集程序”，2014 年 6 月 30 日，修订版

23. 国防部手册 8910.01，第 2 卷，“国防部信息收集手册 ：国防部公共信息收集”，2014 年 6 月 30 日，修订版

24. 一般事务管理手册，“标准和可选表格程序手册”，2009 年 7 月

25. 总务管理网站，美国总务管理局表格库

26. 管理和预算办公室第 A-108 号通知，2016 年 12 月 23 日

27. 公法 104-13，“1995 年文书减少法”，1995 年 5 月 22 日

28. 公法 111-274，“2010 年明文法”，2010 年 10 月 13 日

29. 国防部长备忘录，“首席管理官的设立”，2018 年 2 月 1 日

30. 美国法典，第 5 篇，第 552 节，（也称为“信息自由法”）

31. 美国法典，第 5 篇，第 552a 节（也称为“1974 年隐私法”）

国防部指令 DOD D 5400.07

国防部信息自由计划

发布机构：国防部首席管理官办公室

发布日期：2019 年 4 月 5 日

可发布性：允许公开发布

重新发行和取消：国防部指令 5400.07，“国防部信息自由法（FOIA）计划”，2005 年 10 月 28 日

批准人：大卫·L·诺奎斯特，国防部副部长

目的：本指令根据经修订的《美国法典》（U.S.C.）第 5 卷第 552 节，即本指令中所称的“信息自由法”（FOIA），确立了国防部信息自由法项目的政策并分配了职责。

第一章　总则

1.1. 适用性

本指令适用于国防部、军种部、参谋长联席会议主席办公室和联合参谋部、作战司令部、国防部监察长办公室、国防机构、国防部现场活动和

国防部所有其他组织实体。

1.2. 政策

国防部信息自由法计划：

a. 在与国防部保护国家安全和其他敏感信息的责任保持一致的同时，通过以下方式促进信息透明度和问责制：

（1）根据《国防部信息自由法》的规定，采用有利于披露信息的措施。

（2）本着合作精神，迅速回应《国防部信息自由法》的要求。

b. 根据《联邦法规法典》第 32 卷第 286 部分，以及国防部手册 5400.07 建立的程序，提供公众要求的国防部记录（除非这些记录根据《国防部信息自由法》第（b）节免于披露）。

c. 与政府信息服务办公室合作，解决要求披露信息的请求者与国防部之间的争议。

d. 本指令中的任何内容均不得被解释为违反《美国法典》第 5 卷附录规定的法定独立性和权威性。

1.3. 信息收集

根据国防部手册 8910.01 第 1 卷中的程序，本指令第 2.1.c. 所述的国防部信息自由法年度报告，由 DD-DCMO（A）1365 完成。

第二章 职责

2.1. 国防部首席管理官（CMO）的职责

a. 担任国防部信息自由法的首席国防部信息自由法官员。

b. 指导和监督国防部信息自由法项目，以确保符合管理该项目的政策和程序。

c. 向美国司法部长提交国防部信息自由法年度报告，以及国防部信息自由法第（e）节要求的其他报告。

d. 根据《美国法典》第 10 卷第 130e 节，确保本指令可以豁免国防部关键基础设施安全信息的发布。

e. 根据《美国法典》第 10 卷第 2254a 节的规定，确保本指令可以豁免军种部军事飞行操作质量保证系统的任何数据文件的发布。

2.2. 监督与控制理事会（DO&C）主任的职责

在首席管理官（CMO）的授权、指导和控制下，监督与控制理事会（DO&C）主任：

a. 协助首席信息官履行国防部首席国防部信息自由法官员的职责。

b. 担任国防长办公室、参谋长联席会议主席办公室、国防部现场活动和作战司令部的《国防部信息自由法》的上诉机构。

c. 任命一名官员，担任国防部信息自由法项目的公共联络人，与国防部长办公室、参谋长联席会议主席办公室、国防部现场活动和作战司令部进行沟通协调。

d. 为国防部提供国防部信息自由法项目的培训，包括定期举办的培训研讨会。

2.3. 华盛顿总部服务部主任的职责

在 CMO 的授权、指导和控制下，华盛顿总部服务部主任负责管理国防部长办公室、参谋长联席会议主席办公室和国防部现场活动的国防部信息自由法项目。

2.4. 国防部总法律顾问的职责

a. 确保国防部法律顾问、公共事务官员和立法事务官员了解通过诉讼渠道必须发布的信息。这些信息可能对公众、媒体、国会或国防部高级官员有重大意义。

b. 必要时集中处理国防部信息自由法诉讼文件。

c. 就遵守《国防部信息自由法》提供法律建议。

2.5. 国防部信息自由法项目组成部分负责人（除作战司令部司令以外）的职责

a. 在其管辖范围内，管理国防部信息自由法计划，包括发布执行本指令所需的下位法。

b. 在处理可能引起公众、媒体、国会或国防部高级官员兴趣的信息发布时，确保信息自由法请求者服务中心：

(1) 向各自的指挥链、法律顾问、公共事务官员和立法事务官员提前告知需要发布的信息，包括通过诉讼渠道必须发布的信息。

(2) 在与法律顾问协调后，向监督与控制理事会（DO&C）提供建议回复的预先通告。本款不适用于国防部监察长。

c. 根据《国防部信息自由法》和国防部手册 5400.07 的规定，对相关人员进行培训。

2.6. 作战司令部司令

担任或另外任命他人，作为国防部信息自由法上诉机构的成员。

国防部手册 DoDM 5400.07

国防部信息自由计划手册

发布机构：国防部副首席管理官办公室

发布日期：2017 年 1 月 25 日

可发布性：允许公开发布。

合并和取消：国防部 5400.7-R，“国防部信息自由法案（信息自由法）计划”，1998 年 9 月 4 日

批准人：David Tillotson III，副首席管理官助理

目的：本次发行：

• 根据国防部指令（国防部 D）5400.07，按照国防部 D 5105.53、国防部 D 5105.82 和 2014 年 7 月 11 日国防部副部长备忘录中的授权，实施国防部信息自由法计划。

• 补充联邦法规（CFR）第 32 卷第 286 部分。

• 纳入了 2007 年《开放政府法》和 2016 年《信息自由法改进法》的规定。

• 优先于补充和实施《国防部信息自由法计划》的国防部各部门发布，促进国防部各部门政策的一致性。

目　录

4.2. 记录可用性

4.3. 索引

4.4.《信息自由法》第（a）（1）节记录

第 5 章 豁免

5.1. 一般规定

5.2. 适用《信息自由法》豁免

第 6 章 《信息自由法》请求的处理

6.1. 一般规定

6.2. 处理程序

6.3. 初步决定

6.4. 咨询、转介和协调

6.5. 上诉

6.6. 费用表

6.7.《信息自由法》诉讼

第 7 章 教育和培训

7.1. 一般规定

7.2. 程序

7.3. 范围和原则

7.4. 实施

第一章　一般发行信息

1.1. 适用性

本手册适用于国防部、军种部、参谋长联席会议主席办公室、联合参谋部、作战司令部、国防部监察长办公室、国防机构、国防部现场活动和国防部内的所有其他组织实体（统称作为“国防部部门”）。

1.2. 信息收集

按照国防部手册（国防部 M）8910.01 第 1 卷中的规定程序，国防部年度信息自由法报告由 DD-DCMO（A）1365 发布。

第二章 责任

国防部各部门负责人执行本手册规定的程序，并确保任何补充指南和程序符合美国联邦法规第 32 卷第 286 部分和国防部指令国防部 D5400.07 的要求。

第三章　总则

3.1. 公众获取国防部信息

a. 根据《信息自由法》，公众有权查阅规定范围内的有关美国政府机构的记录。根据《美国联邦法规》第 32 卷第 286 部分，公众要求的机构记录，除非《信息自由法》豁免披露该记录或其部分内容，否则不得全部或部分扣留应当公开的信息。

b. 副首席管理官办公室监督与控制理事会根据信息自由法的要求，为公众提供了一本《国防部信息自由法》手册，用于从国防部获取信息。本手册是对《国防部信息自由法》的解释，以及公众如何使用它来访问机构记录。

c. 想要获得国防部记录的个人，应向第 3.2.a. 段或第 3.2.b. 段所列的《信息自由法》请求者服务中心提出《信息自由法》请求。

3.2. 国防部部门

第 3.2.a. 段和第 3.2.b. 段中列出的国防部部门在本次发行中称为“国防部信息自由法项目相关机构”。

a. 以下国防部部门有自己的信息自由法程序，包括信息自由法上诉机构。

（1）国防部长办公室 / 联合参谋部（OSD/JS）。

（2）陆军部。

（3）海军部。

（4）空军部。

（5）国防委员会。

（6）国防合同审计署。

（7）国防合同管理局。

（8）国防财务会计处。

（9）国防卫生局。

（10）国防信息系统局。

（11）国防情报局。

（12）国防后勤局。

（13）国防安全局。

（14）国防威胁减少局。

（15）国防部教育活动。

（16）国家地理空间情报局。

（17）国家侦察局。

（18）国家安全局 / 中央安全局。

（19）国防部监察长办公室。

b. 以下国防部部门有自己的信息自由法程序。但是，它们的信息自由法上诉机构是：国防部指令国防部 D 5400.07 中指定的国防部长办公室 / 联合参谋部（OSD/JS）的信息自由法上诉机构。

（1）武装部队合约上诉委员会。

（2）国防技术信息中心。

（3）联合人员恢复机构。

（4）国民警卫队局。

（5）美国非洲司令部。

（6）美国欧洲司令部。

（7）美国中央司令部。

（8）美国北方司令部。

（9）美国太平洋司令部。

（10）美国特种作战司令部。

（11）美国南方司令部。

（12）美国战略司令部。

（13）美国运输司令部。

c. 国防部长办公室 / 联合参谋部（OSD/JS）国防部《信息自由法》请求者服务中心，处理以下国防部机构的请求：

（1）国防采办大学。

（2）国防高级研究计划局。

（3）国防平等机会管理研究所。

（4）国防法律服务局。

（5）国防微电子活动。

（6）国防媒体活动。

（7）国防部会计局。

（8）国防安全合作局。

（9）国防技术安全局。

（10）国防旅行管理办公室。

（11）国防部人力资源活动。

（12）国防部测试资源管理中心。

（13）联合简易威胁消除机构。

（14）导弹防御局。

（15）国防大学。

（16）经济调整办公室。

（17）军事委员会办公室。

（18）五角大楼安保局。

（19）统一服务健康科学大学。

（20）华盛顿总部服务。

（21）白宫军事办公室。

3.3. 信息自由法

a. 本文件第 3.2.a. 段和第 3.2.b. 段中列出的每个国防部信息自由法相关机构必须建立一个或多个《信息自由法》请求者服务中心。

b. 每个《信息自由法》请求者服务中心都将有一个网站，用于向公众宣传信息自由法相关政策和程序。这些网站应当遵守国防部指令国防部 I 8550.01。每个网站至少应提供：

（1）公众可以向其发送《信息自由法》请求的地址、电话号码、传真号码和电子邮件地址。

（2）国防部信息自由法相关机构的信息自由法联络点的名称。

（3）国防部信息自由法手册的链接。

（4）可从国防部信息自由法程序中请求的记录类型的说明。

（5）每个国防部信息自由法相关机构的公共联络人的姓名和联系信息。

（6）关于《信息自由法》请求者如何获得其请求的信息（通过电话或通过《信息自由法》请求者服务中心网站）。

（7）各机构自建的信息自由法数据库，或链接到国防部信息自由法程序的信息自由法数据库。

c. 国防部信息自由法项目请求者服务中心的网站将链接到国防部各机构《信息自由法》请求者服务中心的网站。

d. 每个国防部机构的因特网主页，应当有该机构的《信息自由法》请求者服务中心的链接。

3.4. 信息自由法公众联络

第 3.2.a. 段中列出的国防部部门，应当向监督与控制理事会（监督与合约理事会）提交作为《信息自由法》公共联络人的人员名单。每个国防部信息自由法相关机构将至少有一个信息自由法公共联络渠道。

a. 信息自由法公众联络人将：

（1）确保《信息自由法》请求者服务中心的网站符合第 3.3.b. 段的要求。

（2）协助减少对请求的任何延误。

（3）提高处理过程的透明度，使请求者对请求状态具有充分的理解。

（4）协助解决争议。

b. 信息自由法第 3.2.b. 部分所列国防部各部门、国防部长办公室 / 联合参谋部（OSD/JS）和武装服务合约上诉委员会的公共联络，由副首席管理官办公室监督与控制理事会（监督与合约理事会）负责。

3.5. 国防部记录的非正式发布

在响应《信息自由法》请求，或在具有适当权限的国防部官员授权发布记录（例如，根据国防部强制解密审查计划发布）的情况下，向公众发布记录的行为属于官方正式发布。未经国防部相关官员授权，从而发布记录的行为，属于国防部记录的非正式发布。非正式发布并不意味着放弃国防部根据《信息自由法》要求保留该记录的权利，国防部有权利根据《信息自由法》有关豁免发布记录的条款，对已被非正式发布的记录进行追回。

3.6. 请求记录的描述

请求者应当提供所需记录的准确描述，使国防部相关部门能够以合理的工作量定位记录。

a. 合理的描述应当包含足够的信息，使国防部相关部门能够根据归档安排和现有的检索系统，对记录进行有组织的、非随机的搜索。如果归档安排细节未知，则请求者应提供足够的与事件相关的细节，包括导致创建记录的情况，或记录所涵盖事件的日期和环境，使国防部负责归档安排的人员能够合理识别这些记录。对于请求记录的描述是否合理，由国防部相关部门判定，其判定依据是工作人员能够基于对其文件的了解而定位所请求的记录。

b.《信息自由法》请求可能很宽泛或很繁重（例如，包含大量潜在的响应信息）。但是，这一事实并不能使国防部部门以没有合理地描述所需记录为由，来拒绝《信息自由法》请求。

3.7. 作战司令部

作战司令部的《信息自由法》计划由国防部办公室管辖，而不是由军种部或参谋长联席会议管辖。这是国防部指令国防部 D 5100.03 中所述的例外情况，因为该指令授权并要求作战司令部根据《美国联邦法规汇编》第 32 卷第 286 部分和本手册处理《信息自由法》请求。

a. 作战司令部以总部身份，在其作战指挥权限下进行联合演习或行动时，所编制的文件具有联合性质，由作战司令部负责。

b. 作战司令部本级创建的文件，但该文件位于国防刑事调查组织或军种部反情报组织内，或在兵役部门的事故调查文件中，则该文件属于军事服务性质的记录。军事服务性质的记录的发布、拒绝发布和上诉的权限属于行政指挥线上的业务部门，而不是作战指挥线上的作战司令部。但是，在请求的审查过程中，行政指挥线上的业务部门将与作战司令部协商。

c. 作战司令部内设部门编制的文件（例如基地支持、人员和后勤记录等），属于军事服务性质的记录，其发布、拒绝发布和上诉的权限属于行政指挥线上的业务部门。

3.8. 安全许可和通道

由于完成本职工作需要，所有根据《信息自由法》申请获得国防部记录的人员，都有权力要求访问其本职工作相关的所有记录，无论信息的敏感性或分类如何。国防部各部门必须确保申请人有适当的许可和权限履行来完成其职责，并有适当的电子设备处理和传输机密记录。

3.9.《信息自由法》与《隐私法》之间的关系

a. 寻求仅包含在隐私法记录系统中的自身记录的请求者，将根据《美国法典》第 5 卷第 552a 节（也称为经修订的“1974 年隐私法”，并在本次手册中称为“隐私法”）处理其请求，并由国防部 5400.11-R 在国防部内实施。

(1) 如果被申请的记录免于遵守《隐私法》的规定，并且如果根据《信息自由法》对全部记录或部分记录予以豁免，国防部相关部门应当在其答复中进行告知，说明根据《隐私法》和《信息自由法》，不予公布全部或部分记录的原因。如果申请者进行上诉，则应当根据《信息自由法》和《隐私法》进行处理。

(2) 如果被申请的记录不受《隐私法》访问规定的豁免，国防部相关部门则不能要求对被请求记录进行《信息自由法》豁免，必须将所有记录发布给第一方请求者。但是，国防部相关部门可以根据《隐私法》，保留关于另一个人的隐私相关信息。在这种情况下，国防部部门将通知第一方请求者所申请的记录被全部或部分扣留，因为“您请求的记录中包含与您以外的一方有关的隐私信息”。

b. 如果被请求记录不受《隐私法》所保护，将根据《信息自由法》处理其请求，因为《隐私法》不适用于这些记录。如果利益相关者进行上诉，则应当根据《信息自由法》进行处理。

c. 如果被请求记录一部分受《隐私法》所保护，而另一部分不受《隐私法》所保护，应当根据《隐私法》和《信息自由法》处理其请求。

d. 国防部各部门应当在最终回复函中，将法律依据告知第一方请求者，即使用了哪些《隐私法》和《信息自由法》条款，同时还应当告知请求者的上诉权。

3.10.“政府特有活动”与非法合同

根据国防部指示 DoDI1100.22、管理和预算办公室第 A-76 号通告，以及联邦采购政策办公室第 11-01 号通告，国防部各部门不得对某些称为“政府特有的活动”（如“政府信息自由法职能”），签订任何合同。

a. 政府信息自由法职能包括：

（1）制定或批准信息自由法的政策和程序。

（2）就是否将收到的信件按照《信息自由法》或《隐私法》进行处理作出最终决定。

（3）根据《信息自由法》对所要求的信息作出拒绝或发布的决定。

（4）决定《信息自由法》请求的范围，或解释有关的任何问题。

（5）确定申请豁免的适当性。

（6）决定与《信息自由法》请求者谈判或讨论时采取的方法。

（7）决定行政上诉。

（8）对所有发出的最终决定信函、备忘录和发布程序进行最终审查。

（9）对加急处理请求、费用类别和费用减免作出最终决定。

（10）根据《信息自由法》执行诉讼文件。

b. 联邦采购政策办公室第 11-01 号通告，把对《信息自由法》请求的回应确定为固有政府职能。相关部门在对《信息自由法》请求的回复时，可能履行的信息自由法职能的情形有（不限于以下所举的例子）：

（1）下对相关文件进行修订。

（2）准备由美国政府官员签署的文件。

（3）就《信息自由法》请求的状态与《信息自由法》请求者通信。

（4）建议拒绝提供信息。

（5）将相关信息输入国防部有关部门的信息自由法跟踪系统。

3.11. 非敏感信息

对于国防部的一个部门来说，在响应《信息自由法》请求处理记录时，查找处理多个主题的记录情况很常见，并且这些主题中只有一个与《信息自由法》请求相关。在大多数情况下，国防部各部门应发布不受《信息自由法》豁免的非敏感性信息。但是，如果确定处理非敏感性信息可能会给国防有关部门造成负担，或者不符合《信息自由法》请求者的最佳利益，国防部有关部门应当与《信息自由法》的请求者协商，并寻求他们的同意，在没有《信息自由法》豁免的情况下对非敏感性信息进行修订。

3.12. 遵守表格或格式要求

a. 国防部各部门应当：

（1）以规定的形式或格式提供记录。

（2）以合理可用的形式提供记录。

（3）以可复制的形式和格式保存记录。

b. 在回应信息自由法的记录请求时，国防部各部门应当尽量提供电子形式或格式的记录（如果在信息系统中维护），除非这些努力会严重干扰信息系统的运行。国防部各部门将根据具体情况作出此类决定。

3.13. 信息自由法年度报告

根据《信息自由法》的要求，《国防部信息自由法》向美国司法部长和政府信息服务办公室主任提交年度报告。由于所要求的统计数据的规模和对准确性的需求，国防部信息自由法相关机构，将在信息自由法要求得到处理时更新年度报告数据。这有助于在完成报告时准确汇编统计数字。每年 9 月，副首席管理官办公室的监督与控制理事会（监督与合约理事会），向国防部信息自由法项目相关部门提供年度报告的撰写要求。国防部各部门将使用当前版本的国防部表格 2564“年度信息自由法案报告”，在 10 月 31 日之前将其报告转发给国防部各有关部门。副首席管理官办公室监督与控制理事会（监督与合约理事会），在每年 2 月 1 日前向总检察长提交一份综合报告，并将该报告的副本放在国防部开放式政府网站的信息自由法部分。

3.14.《信息自由法》的重要要求

国防部领导层可能对该请求的发布感兴趣，监督与控制理事会（监督与合约理事会）应当迅速掌握国防部领导层的反应，但这不能成为拒绝提供信息的理由。

第 4 章　信息自由法数据库

4.1. 要求

a. 一般规定。《信息自由法》第（a）（2）节所述的机构记录，以及于1996 年 11 月 1 日或之后创建的机构记录，供公众以电子格式查阅。为了满足这一要求，国防部信息自由法项目相关机构都应当维护一个在线信息自由法数据库。除了这些记录之外，国防部信息自由法项目相关机构还可以选择将其他公众感兴趣的机构记录放在其信息自由法数据库中。

b. 信息自由法数据库。每个国防部部门应当建立一个或多个信息自由法数据库。只有一个《信息自由法》请求者服务中心的国防部部门，将通过在其信息自由法网站上建立信息自由法数据库来满足这一要求。具有多个《信息自由法》请求者服务中心的国防部部门，将通过在其主要信息自由法网站上建立一个信息自由法数据库，或在每个《信息自由法》请求者服务中心网站上建立一个信息自由法数据库。

（1）最终意见。《信息自由法》要求各机构向公众提供最终意见。这一要求可以通过国防部部门网站来满足。国防部《信息自由法》相关部门无须在其《信息自由法》库中发布或链接到这些公开可用的文件。

（2）政策声明。《信息自由法》要求各机构对已被采纳且未在《联邦公报》上公布的政策和解释作出声明，供公众查阅。这一要求可以通过在国防部网站上发布来满足。国防部信息自由法相关部门无须在其信息自由法数据库中发布或链接这些文件。

（3）行政人员手册或指示。《信息自由法》要求各机构向公众提供行政人员手册和指示，以确定影响公众的政策或解释。每个国防部信息自由法相关部门的信息自由法数据库，都必须链接到其公开发行出版物网页。例如，空军信息自由法网站将链接到空军 e- 发布网站，国防部长办公室 / 联合参谋部《信息自由法》请求者服务中心将链接到国防部发布网站。

（4）经常要求的记录。

（a）每个信息自由法数据库均必须通过公共记录提供以下信息：

1. 根据《信息自由法》，必须被公开的信息

2. 是或可能成为随后的《信息自由法》请求的主题信息

3. 已经被要求三次或三次以上的信息。

（b）这些类型的文件不会在信息自由法数据库中发布。

1. 当某些文件包含关于个人身份信息时，根据豁免条件，则免于向其他申请人（除本人外）发布这些文件。

2. 当某些文件包含与请求者有关的商业机密或财务信息时，根据豁免规定，这些文件将免于向其他请求者（除本人和本商业实体外）披露。

（5）索引。根据《信息自由法》第（a）（2）（E）条要求，相关机构应当提供按照第 (a) (2) (D) 条规定的文件的索引。国防部《信息自由法》相关机构可以满足这一要求，将这些文件按主题词或描述性词语（而不是按案例名称或编号系统）排列在其《信息自由法》库中，以便于公众找到材料。为方便《信息自由法》相关机构开展工作，还可包括案例名称和编号安排。

（6）主动发布。国防部《信息自由法》相关机构可以在其《信

息自由法》库中发布其他文件，如主动发布、根据强制性解密审查程序发布的文件，以及根据《信息自由法》发布的其他文件。还可能包含与主动发布文件的其他国防部信息自由法相关机构办公室的链接。国防部各部门不得主动发布包含在隐私法案记录系统中的文件，除非得到通知，明确允许主动发布。

c. 豁免。国防部信息自由法项目相关机构，将从信息自由法数据库的所有记录中，根据信息自由法豁免规定，对所有有资格扣缴的信息进行保留。

4.2. 记录可用性

国防部信息自由法项目相关机构，应考虑使用搜索引擎和文档类别，以增强其信息自由法数据库，以使公众更容易访问。

4.3. 索引

《信息自由法》要求各机构以电子格式，向公众提供所有主要信息系统的索引，以及公开提供的主要信息和记录定位系统的说明。

a. 主要信息系统。国防部开放政府网站的信息自由法部分已满足国防部的这一要求。因此，国防部信息自由法相关机构，无须在其信息自由法数据库中发布或链接到该索引。

b. 记录定位系统。国防部开放政府网站的信息自由法部分已满足国防部的这一要求。因此，国防部信息自由法相关机构，无须在其信息自由法数据库中发布或链接到该索引。

4.4.《信息自由法》第（a）（1）节记录

a. 尽管《信息自由法》第（a）（1）节的记录不要求在《信息自由法》

数据库中提供，但应当以其他途径进行提供。《信息自由法》第（a）（1）节记录的例子包括：

（1）对中央机构和所属外地组织的描述，以及对公众产生影响的机构议事规则。

（2）可用表格的说明。

（3）关于论文、报告或考试的范围和内容的说明。

（4）关于上述记录的任何修改或修订。

b. 根据《信息自由法》第（a）（1）节，每个国防部相关机构，都应当通过在《联邦公报》上公布的方式，披露描述其组织、职能、程序、实质性规则和一般政策声明的信息。

第 5 章　豁免

5.1. 一般规定

a. 本节不是对《信息自由法》豁免适用性的全面或详尽解释。有关更详细的解释，国防部各部门可参考司法部《信息自由法指南》。

b. 必须注意受《信息自由法》豁免保护的利益。当国防部相关部门合理预见到，披露相关信息会所述利益，或者其他法律法规禁止披露所述利益时，应当拒绝披露响应《信息自由法》请求的信息。根据本标准，应审查特定记录的内容，并确定国防部相关机构是否合理预见。国防部相关机构应当根据被申请信息的法定保密期、信息内容和特征，合理认识到披露该记录将损害受适用豁免保护的利益。国防部相关机构的这种行为必须有具体的依据，如果仅仅是因为抽象的恐惧，或是对泄密的恐惧，都不足以成为隐瞒信息的原因。

c. 如本节所述，除非法律另有规定，记录中的豁免信息可全部或部分不公开披露。一般来说，如果一份记录被多人要求提供，那么根据《信息自由法》豁免条款，就不应当对不同请求人有区别的对待。

d. 在申请豁免时，《信息自由法》请求者的身份和《信息自由法》请求的目的是无关的；但是，当要保护的特定利益是《信息自由法》请求者的利益时，不得援引豁免。例如，如果个人根据《信息自由法》提出要求，则不得向该个人隐瞒有关个人的隐私信息，除非另一项《信息自由法》的豁免条款适用。

e. 当国防部相关机构确定记录中包含的部分信息免于发布时，它将考虑是否可以通过采取合理步骤进行逐行审查，来分离和发布记录中包含的非强制性信息，从而部分发布记录。也就是说，当一份记录中包含免于发布的信息，同时又包含非免于发布的信息，这时国防部相关机构应当将免于发布的信息分离出来，将非免于发布的信息提供给申请者。国防部相关机构不能因为某份记录中含有部分免于发布的信息，从而将整份记录拒绝提供给申请者。

f. 如果回答响应于《信息自由法》请求的记录是否存在，这种行动为本身将揭示受豁免条款保护的一个免除发布的信息，则国防部相关机构应当不对该记录是否存在进行回应。

（1）这通常被称为“格罗马”响应（有关使用此类响应的详细指导，请参阅美国司法部《信息自由法指南》），国防部部门在响应中必须引用适当的豁免。

（2）国防部相关机构必须一致地使用“拒绝确认”响应，无论记录是否真实地存在，都应当对申请者是该记录是否存在的问题进行回避。如果不能合理地使用“拒绝确认”响应，受豁免条款保护的信息必将会被泄露。

5.2. 适用《信息自由法》豁免

本段描述了记录中九种豁免信息及其工作程序。

a. 豁免 1。根据《信息自由法》及现行行政命令，关于国防或外交政策的利益信息，免予披露。如果在提交《信息自由法》请求时，响应信息未被标记为机密信息，国防部相关机构还应当根据国防部手册国防部 M 5200.01 第 1 卷进行保密审查，以确定信息是否涉密。《信息自由法》请求者将被告知行政命令的哪些部分适用于确定信息的机密性。在下列情况下，也可援引豁免 1：

（1）一般来说，某项记录根据《信息自由法》判断属于被豁免的信息，那么该项记录在国防部手册国防部 M 5200.01 中就应当是涉密信息。但是，有一种特殊的情况，即：对于某项记录的单项信息来说，根据《信息自由法》属于不被豁免的信息，但根据国防部手册国防部 M 5200.01 的规定，却属于涉密信息。这就是所谓的“马赛克”情形。属于这种情形的信息是不能被提供给申请者的。

（2）对于某项记录是否存在的回应，将将揭示包含涉密信息的信息。在这种情况下，国防部各部门必须提供“格罗马”响应（即使用“拒绝确认”响应），并引用豁免 1。

b. 豁免 2。根据《信息自由法》第（b）（2）节的规定，仅与国防部或任何国防部内设机构的人事规则和惯例有关的记录，可免于披露。

c. 豁免 3。根据《信息自由法》第（b）（3）节的规定，与其他法规特别规定的扣留标准有关的事项的记录可免于披露。

（1）只要满足以下二条标准的任何一条，则信息免于披露：

（a）法规要求以不留任何自由裁量权的方式向公众隐瞒信息；或

（b）该法令规定了扣留的特定标准，或提到了应扣留的特定类型的事项。

（2）对于 2009 年 10 月 28 日之后颁布的任何法规，为了符合本款规定的豁免 3 法规，必须引用《信息自由法》第（b）（3）节。监督与合约理事会在国防部开放式政府网站的信息自由法部分，维护国防部内部使用的豁免 3 信息和法规清单，包括但不限于：

（a）国防部部分人员的信息。《美国法典》第 10 编第 130b 节，以及《信息自由法》的要求，在海外、敏感或常规部署部队中扣留国防部人员（文职和军事人员）的姓名、军衔、职务、地址、官衔和工资信息。根据《美国法典》第10编第130b节，美国特种作战司令部和美国网络司令部及其组成部分是敏感单位。

1. 国防部各部门可自行发布海外、敏感或常规部署部队中，部分人员的姓名和职责信息，这部分人员根据其职位和职责的性质，经常与公众互动。可以公布身份的官员包括将军、公共事务官员、其他指定为官方指挥发言人的人员，以及其他通过履行职责而为公众所知的高级官员。

2. 第5.2.c.（2）（a）段中的规定，不改变国防部向公共事务官员发出通知的规则，也不改变共事务办公室向公众和媒体发布信息所使用的规则。公共事务办公室应继续根据国防部的最新发布、隐私法限制和安全分类发布信息。

（b）外国政府和国际组织的敏感信息。《美国法典》第10编第130c节授权扣留外国政府或国际组织（如北大西洋公约组织、联合国、北美航空航天防御司令部、美洲防御委员会，或者红十字国际委员会）的敏感信息。国防部相关部门必须根据豁免3（有关程序性指示，请参见第6.2.f.（2）部分）保留这些信息。所谓敏感信息，是指：

1. 这些信息是由（或与）外国政府或国际组织合作提供给国防部的。

2. 根据外国政府或国际组织的相关规定，不得公开披露该信息，且该外国政府或国际组织已以书面形式作出此声明。

3. 满足以下三个条件之一：

a. 外国政府或国际组织以书面形式要求保留这些资料。

b. 外国政府或国际组织在不向公众公布的情况下，向美国政府提供信息。

c. 如果发布所要求的信息，将对美国政府今后获取相同或类似信息的能力产生不利影响。

（c）关键基础设施安全信息（CISI）。根据《美国法典》第10编第130e节，国防部长和行政主管（DA），以及副首席管理官办公室，可根据《信息自由法》，豁免关键基础设施安全信息。主张豁免的国防部相关部门，必须按照获得其部门主管的书面决定，然后才能拒绝信息自由法申请人的决定。

（d）军用飞行操作质量保证（MFOQA）系统数据文件。根据《美国法典》第10编第2254a节，国防部长和陆军部，可根据《信息自由法》豁免军用飞行操作质量保证系统数据文件的发布。主张豁免的国防部部门必须提供其部门主管的书面决定，然后才能从《信息自由法》请求者处扣留军用飞行操作质量保证系统数据文件信息。

d. 豁免4。根据《信息自由法》第（b）（4）部分，某些非政府金融信息免于披露。

（1）此豁免保护 ：

（a）商业秘密。

（b）商业或金融信息 ；从美国政府以外的个人或实体获得的信息 ；特权的或机密的信息。

（2）自愿提交给美国政府的商业或金融信息，如果没有对行使权力进行任何规定或标准，当提交人通常不向公众披露类似信息时，则可以受到保护，免于披露。具有规定或标准的行使权力的例子包括法规、行政命令、条例、投标邀请书、投标申请书和合同。国防部各部门应按照《美国联邦法规》第 32 编第 286 部分的规定，根据行使权力分析信息的提交情况，以决定所述信息是否披露，以及以何种形式披露。

（3）非自愿提供给美国政府的商业或金融信息，如果其披露可能：

（a）削弱美国政府在未来获取必要信息的能力（称为“减值尖刺”）；

（b）损害可辨认的私人或政府利益，或对提供信息的人的竞争地位造成实质性损害

（4）可受豁免 4 保护的信息示例包括：

（a）收到的与贷款、投标、合同或建议书有关的商业或财务信息。

（b）有关合同履行、收入、利润、损失和支出的统计数据和商业或财务信息。

（c）在检查、调查或审计期间提供的个人陈述。

（d）私营雇主提供的与地方工资调查有关的财务数据，用于确定和调整适用于国防部雇员现行工资率的工资表。

（e）与技术或科学数据，或其他信息有关的科学和生产信息，这些数据或信息是在研究过程中与研究资助申请或报告一起提交的。

（f）由承包商或分包商专门自费开发的技术或科学数据，或部分由联邦资金开发，部分由私人费用开发。根据《美国法典》第 10 卷第 2320 节和第 2321 节以及《美国联邦法规》第 48 编第 227.71 和 227.72 节的规定，承包商或分包商必须保留此类数据的合法所有权。如果技术数据符合《美国法典》第 10 卷第 130 节和《美国联邦法规》第 48 编第

227.71 和 227.72 部分的标准，则可根据豁免 3 扣留专门由联邦资金开发的技术数据。

(g) 根据《美国法典》第 17 卷第 106 节之规定，有些信息受版权所保护。如果这些受版权保护的信息符合豁免 4 的标准，则免于披露。

(5) 当国防部各部门收到《信息自由法》关于可受此豁免保护的请求时，他们将按照《美国联邦法规汇编》第 32 编第 286.10 子部分的程序通知信息提交人。

e. 豁免 5。根据《信息自由法》第 (b)(5) 部分，包含在民事诉讼中，被视为享有特权的信息免于披露。这些享有特权的信息包括：机构间或机构内的备忘录或信函。对于内部记录而言，其不能依据本豁免条款而免于披露。为了符合豁免 5 的豁免条件，文件必须满足特定的门槛，并且必须在民事权力背景下享有特权。

(1) 门槛。在任何特定情况下，在确定适当的特权之前，文件必须满足作为机构间或机构内文件的基本要求。由于美国政府在许多情况下可能会征求外部实体（或顾问）的专家意见，因此外部实体可能有资格成为这一豁免的“机构”。

关于这一问题的进一步讨论，见司法部《信息自由法指南》。

(2) 特权。豁免 5 保护的特权类型包括但不限于：

(a) 审议程序特权。

1. 为了获得这一特权，信息必须经过深思熟虑和预先决定。国防部各部门不得根据此特权向《信息自由法》请求者隐瞒事实信息，除非至少满足以下二个条件之一：

a. 一份文件的作者故意从一组更大的事实中选择特定的事实，并仅使用这些事实的子集来作出决定，从而揭示了作者的内部思维过程。

b. 事实信息与审议材料有着千丝万缕的联系，其披露将暴露或损害机构的审议工作。

2. 上级对下级的指示或命令，如果构成对部门政策或决定的指导，通常不符合议事程序文件的条件。但是，上级与下级之间的通信，如果讨论初步事项或要求在决策过程中所依赖的信息或建议，则可能符合条件。

3. 机构的最终决定和与该决定有关的决定后文件，不得根据审议程序特权予以保留。

4. 审议过程文件的例子包括：

a. 工作人员文件，包括行动后报告、检查报告、经验教训和情况报告，其中载有工作人员的评价、建议、意见或建议。

b. 由个别顾问或内部委员会、小组、会议、特别工作组或为获得建议和建议而组成的其他类似小组，代表国防部准备的建议、草案或评估报告。

c. 最终记录草稿。

d. 具有投机性、试探性或评估性的信息，或拟采购、租赁或以其他方式获取和处置材料、房地产、设施或功能的计划等事项，当披露此类信息将为私人利益提供不正当或不公平的竞争优势，或妨碍美国政府的合法职能时。

e. 管理办公室和第 A-11 号预算通告中所述的总统预算决定所依据的机构文件。这包括国防规划和资源分配过程中涉及的规划、计划和预算信息，以及年度外可自由支配数据。

5. 审议程序特权不适用于在《信息自由法》请求之日前 25 年以上（含 25 年）创建的记录。

(b) 律师——客户特权。此特权保护律师与客户（或与直接客户有共同利益的多个客户）之间的，客户为寻求专业建议的法律事项有关的保密通信。客户向律师提供的信息、律师向客户提供的法律建议，以及为处理、分析客户提供的信息而导致的律师之间的通信，受此特权保护。与审议程序特权不同，律师——客户特权要求保留所有信息，除非客户放弃特权。

(c) 律师工作产品特权。这项特权保护由律师或在律师指导下，合理的预期诉讼文件。与商议过程特权不同，律师工作产品特权要求保留所有信息。诉讼结束后，仍然可以使用此特权。

(d) 政府商业秘密特权。这项特权保护美国政府拥有的商业秘密或其他商业信息，过早公布这些信息可能会影响美国政府的谈判立场或其他商业利益。

(e) 安全调查特权。此特权保护国防部指示 DOD I 6055.07 中定义的特权安全信息。

(f) 总统通讯特权。这一特权保护总统和总统顾问之间的沟通，这些顾问是为协助总统行使不可授权的宪法职责而设立的。

f. 豁免 6。根据《信息自由法》第（b）（6）部分，人员医疗档案及类似档案中的信息，如果披露会构成对个人隐私的明显无理侵犯，则可免于披露。如果该信息符合豁免 6 信息的条件，则其发布不具有自由裁量权。

(1) 在考虑应用这一豁免时，国防部相关部门必须平衡公共利益和个人隐私利益。当对所请求的信息没有公共利益时，即使只有微不足道的隐私利益，国防部部门也可以保留这些信息。在确定公众利益时，国防部部门只应考虑信息是否能揭示美国政府的行动或活动。《信息自由法》的请求者有责任表明公众对披露的兴趣。也就是说，如果请求者无法提供充分的证据，以表明公众对披露所请求信息的兴趣，国防部相关部门则拒绝披露所述信息。

（2）隐私信息可能存在于先前公开的个人信息中，但所述信息已不再被公众所关注，并且已经从记忆中消失了。这就是所谓的“实际默默无闻”的概念。在这种情况下，隐私利益可能会随着时间的推移而增加，而公众利益可能会随着时间的推移而减少。因此，如果利益平衡有利于隐私，国防部部门现在应该保留曾经公开的信息。

（3）这一豁免通常保护家庭地址、电话号码和私人电子邮件地址，还包括军事单位驻地地址。

（4）此项豁免不得用于试图保护死者的隐私。但是，如果披露会重新燃起悲伤、痛苦或尴尬，或导致他们无法心平气和，则可能被用来保护死者家庭成员的隐私。

（5）对于响应记录是否存在这种信息，如果会导致揭示隐私利益的信息时，并且公开中的公共利益不超过隐私利益，该豁免也适用。在这种情况下，国防部各部门必须提供“格罗马”响应（即对所述信息是否存在的请求拒绝回应），并引用豁免 6。

（6）如果《信息自由法》请求者请求与本人相关的信息，则豁免 6 不得用于拒绝个人的隐私信息。但是，如果另一个《信息自由法》请求者要求相同的信息，即请求非本人的相关信息，则应根据豁免 6 予以拒绝。

g. 豁免 7。根据《信息自由法》第（b）（7）部分的规定，为执法目的编制的记录或信息，可免于披露。执法目的包括民事、刑事、军事和管制 / 行政目的，包括执行依法发布的行政命令或条例。国防部部门可以援引这一豁免，以防止出于执法目的而披露相关信息，从而导致国防部的利益受到损害。

（1）豁免 7 适用的条件。

（a）豁免 7（A）。《信息自由法》第（b）（7）（A）部分适用于：为执法目的编制的记录如果被披露，会明显损害执法程序的正常进行。确定豁免 7（A）的适用性需要从以下两步进行分析。

1. 国防部各部门必须确定正在进行的、未决的或潜在的执法程序。这将包括原始程序产生的任何后续或未决程序。如果调查终止或完成，则不能使用此豁免。

2. 国防部各部门必须确定发布信息是否会对执法程序造成某些明显的损害。为了满足第 7（A）条豁免中的“明显损害”要求，如果所要求的记录或信息被披露，则必须存在一些可以合理预期的明显损害。

（b）豁免 7（B）。《信息自由法》第（b）（7）（B）部分，适用于为执法目的编制的记录，因为披露会剥夺一个人获得公平审判或公正裁决的权利。

（c）豁免 7（C）。《信息自由法》第（b）（7）（C）部分，适用于为执法目的而编制的记录，而披露所述记录可能构成对活着的人的个人隐私的无理侵犯，包括在此类记录中确定的死亡人的家属。当响应记录是否存在的信息将揭示包含隐私利益的信息时，并且因所述信息被公开所获得的公共利益不超过隐私利益，该豁免也适用。在这种情况下，国防部各部门必须提供格“洛玛响”响应（即对所述信息是否存在的请求表示绝对回应），并引用豁免 6。

（d）豁免 7（D）。《信息自由法》第（b）（7）（D）条适用于为执法目的而编制的记录，而披露所述记录将导致下列信息被披露：

1. 机密来源的身份，包括：

a. 国防部内部的消息来源。

b. 州、地方或外国机构或当局，或在保密基础上提供信息的任何私人机构。

2. 由刑事执法机关在刑事调查中，或由进行合法国家安全情报调查的机构从保密来源提供并获得的信息。

（e）豁免 7（E）。《信息自由法》第（b）（7）（E）节适用于为执法目的而编制的记录，如果披露会披露：

1. 执法调查或起诉的非显而易见的技术和程序；或

2. 执法调查或起诉指南，如果可以合理地预期这种披露可能会有规避法律的风险。

（f）豁免 7（f）。《信息自由法》第（b）（7）（F）部分，适用于在合理预期披露为执法目的编制的记录，将危及任何个人生命或人身安全的情况下。

（2）豁免 7 申请的例子。

（a）根据豁免条款 7（A）、7（C）和 7（D），在调查过程中编制的证人证词和其他材料，以及与相关政府诉讼或裁决程序有关的所有材料，可免于披露。

（b）当美国未获得起诉或对其提起民事诉讼时，因涉嫌与国防部签订合同的违规行为而被调查的公司或个人的身份，可根据第 7（A）和第 7（C）条豁免披露。

（c）根据豁免条款 7（A）、7（C）和 7（D），在刑事执法活动期间，或合法的国家安全情报调查进行刑事调查期间，所秘密获得的信息，无论是明示的还是默示的，都将免于披露。国家安全情报调查包括背景安全调查，以及为反情报信息而进行的调查。

(d) 根据第 7（E）和第 7（F）条的规定，紧急行动计划、恐怖袭击应对指南、安全程序分析和其他敏感信息，如果这些信息被那些试图对公众造成大规模伤害的人所获得，将导致致命的伤害，则可免于披露。

h. 豁免 8。根据《信息自由法》第（b）（8）节的规定，由负责监管或监督金融机构的任何机构所编制的记录，或代表所述机构编制的记录，或供所述机构使用的检查、操作、状况报告中的记录（含与之相关的记录），可免于披露。

i. 豁免 9。根据《信息自由法》第（b）（9）节的规定，包含地质和地球物理信息以及与油井有关的数据（包括地图）的记录免于披露。

第 6 章 《信息自由法》请求的处理

6.1. 一般规定

a. 对个人和团体的要求。信息自由法要求可由任何人或团体提出。

b. 地方或州政府官员、国会和外国政府的请求。

（1）地方或州政府官员、代表其政府提出请求的外国官员、外国个人，或根据《信息自由法》要求国防部机构记录的外国组织，与任何其他《信息自由法》请求者一样对待。

（2）如果《信息自由法》请求者是来自外国政府的实体或代表，则信息自由法不适用于：美国法典第 50 卷第 401a（4）节中定义的国防部情报机构的记录。

（3）如果请求者是国会成员，并且该请求者的请求行为既不代表国会委员会或小组委员会，也不代表众议院或参议院全体议员，则该请求不属于《信息自由法》请求，不应通过《信息自由法》渠道处理。但是，任何信息的发布都将与根据《信息自由法》及其豁免向任何个人发布的信息一致。在这种情况下，因为该请求不属于《信息自由法》请求，因此不会向请求者提供信息自由法上诉权。

（4）如果国会议员代表国会委员会或小组委员会，或代表众议院或参议院全体议员提交请求，国防部《信息自由法》请求者服务中心应当将所述请求提交给相应的办公室，所述办公室负责根据国防部指令 DOD I 5400.04 处理查询和发布。此类请求未根据《信息自由法》进行处理，豁免条款可能不适用。

(5) 如果国会议员选择根据《信息自由法》要求记录，则适用《美国联邦法规汇编》第 32 编第 286 部分的规定和本次发布。

(6) 国会议员提交的请求将视为《信息自由法》或《隐私法》的申请（如适用），这种情况将通知请求者。

(7) 未援引《信息自由法》的外国政府官员的请求，由国防部《信息自由法》请求者服务中心提交给授权向外国政府披露国防部官方信息的适当办公室，并通知请求者。

6.2. 处理程序

a. 接收和控制

(1) 当《信息自由法》请求者服务中心收到《信息自由法》请求时，它必须在正式的控制系统中进行处理。正式的控制系统具有以下特点：

(a) 必须为信息自由法涉及的相关工作专门设计。

(b) 应包括编制年度报告所需的统计数据，数据要素应当足以支持年度报告的编制。

(2) 必须为每个请求分配一个唯一的跟踪编号，该编号将包含在与请求者的所有通信中。

b. 迅速对《信息自由法》请求采取行动

(1) 当“特殊情况”阻止《信息自由法》请求者服务中心在法定期限内作出最终响应决定时，《信息自由法》请求者服务中心应当以书面形式通知《信息自由法》请求者，并为请求者提供缩小请求范围的机会。《信息自由法》请求者服务中心应当协助请求者制定请求。

(a) 根据《信息自由法》，所述“特殊情况”包括：

1. 需要从外地办事处，或与处理《信息自由法》请求的办事处分开的其他机构中搜索和收集所要求的记录。

2. 搜索、收集和检索大量独立、不同记录的需要。

3. 需要与另一个对确定请求有重大利益关联的机构进行协商，或与在记录中有重大利益关联的两个或多个国防部机构进行协商，协商将以切实可行的速度进行。

(b)《信息自由法》没有明确解释“特殊情况”。但是，特殊情况不包括由于请求数量积压造成的延迟，除非国防部《信息自由法》项目相关部门在减少其积压方面，能够证明其实施合理的措施。

(2) 当收到错误信息的自由法请求时，国防部相关机构将遵循美国联邦法规第 32 卷第 286.7 子部分中的程序。

(3) 当国防部信息自由法项目相关机构无法在法定的 20 个工作日内作出最终决定时，将提供临时响应，并应在最终响应前与《信息自由法》请求者沟通（如适用）。这些通信可能包括确认收到《信息自由法》请求，并与《信息自由法》请求者就《信息自由法》请求的范围、响应时间和费用协议等进行谈判。但是，这种通信并不构成最终的答复决定。初步临时答复将至少包括：

(a)《信息自由法》请求的 20 个工作日法定期限开始的日期。

(b)《信息自由法》请求的跟踪号。

(c) 关于《信息自由法》请求者如何获得请求的联系信息。

(4) 对《信息自由法》请求作出决定的法定期限，通常始于负责所请求记录的《信息自由法》请求者服务中心收到《信息自由法》

请求之日。但是，如果《信息自由法》请求最初没有被发送至正确的《信息自由法》请求者服务中心，则适用《美国联邦法规汇编》第32卷第286.6子部分中针对错误请求的时间规定。

（5）只有在收到符合格式要求，并且完善的《信息自由法》请求时，才开始对《信息自由法》请求作出答复的20个工作日法定期限开始计时。在此之后，《信息自由法》请求者服务中心可能只因两个原因对法定期限收费。在以下两种情况下，《信息自由法》请求者对国防部相关机构请求的响应都将结束收费期。

(a)当《信息自由法》请求者服务中心联系《信息自由法》请求者，并合理要求提供额外信息（与费用评估无关）时，该时间段可以收费一次。

(b)如果《信息自由法》请求者服务中心有必要向《信息自由法》请求人澄清与费用评估有关的问题，则可以收取该期限的费用。国防部机构关于澄清费用评估问题的次数没有限制，有时随着记录的定位和处理，费用评估可以分阶段进行。

c. 预计完工日期。见美国联邦法规第32卷第286.9子部分。

d. 多轨处理。见美国联邦法规第32卷第286.8子部分。

e. 快速处理。见美国联邦法规第32卷第286.8子部分。

f. 非政府来源的响应性文件。

（1）商业或财务信息。见美国联邦法规第32卷第286.10子部分。

（2）外国政府或国际组织信息。本款的规定适用于发布从外国政府或国际组织收到的响应性信息。

(a) 国防部各部门在处理响应《信息自由法》请求的外国政府信息时，应直接与外国政府对应部门相协调，也可以通过国务院或具体的外国大使馆进行协调。

（b）当国防部各部门在响应《信息自由法》请求的文件中，找到北美航空航天防御司令部文件时，他们将把文件提交给美国北方司令部《信息自由法》请求者服务中心，后者将与北美航空航天防御司令部协商。

（c）与大多数国际组织的协调可以直接与这些组织进行。

（d）当外国政府或国际组织要求国防部保留源自该外国政府或国际组织的机密信息时，将根据《信息自由法》第 1 条的豁免规定予以保留。

（e）如果国防部部门被要求保留由国际组织或外国政府提供的敏感的非保密信息，那么国防部部门将根据豁免 3 扣留该信息，并将相关法规作为《美国法典》第 10 卷第 130c 部分的参考，以获得扣留资格。扣留或者披露信息必须符合以下标准：

1. 如果信息在 2000 年 10 月 30 日之前，以及在收到《信息自由法》请求前 25 年以上，被国防部拥有或控制，国防部机构将披露所请求的信息，并通知外国政府或国际组织。只有当外国政府或国际组织以书面形式要求在特定时期内不披露该信息时，该信息才有资格被扣留。外国政府或国际组织可以在以后提出请求时延长这一日期。

2. 如果信息在 2000 年 10 月 30 日或之后被国防部拥有或控制，并且在外国政府或国际组织规定的发布日期之后被请求，则国防部相关部门不得扣留该信息。当一个或多个外国政府或国际组织提供信息时，将使用其中任何一个政府或国际组织指定的最新日期。如果未规定发布日期，且信息在收到《信息自由法》请求前 10 年以上归国防部部门所有，则按照第 6.2.f.（2）

（e）1 段规定的程序进行申请。

g. 处理信息自由法请求所产生的费用。美国政府财政部门为《信息自由法》收据设立了一个账户，即收据账户 3210。存放收据时，必须在账号前加上适当的付款办事处 2 位前缀。该账户将用于存放除营运资金和非拨款资助活动外的所有《信息自由法》收据。这些活动必须建立自己的程序，将《信息自由法》收据存入适用的基金。所有支付费用的均应支付给美国财政部长对公账户。

h. 创建记录。根据《信息自由法》，当国防部相关部门依请求进行搜索时，记录必须存在，并由国防部拥有和控制。国防部部门没有义务创建或编制新记录，以满足信息自由法请求。

（1）但是，为了提供优质的客户服务，国防部相关机构可以编制新的记录（并非强制要求），这样做将导致对《信息自由法》请求者的更有用的响应，并且将减少国防部相关机构的负担。例如，当信息自由法的请求者想要一份某高级官员的所有旅行地点的清单时，就可能出现这种情况。国防部部门可能希望编制一份从文件中提取的旅行地点清单，而不是处理大量旅行文件。

（2）在创建或编制新记录之前，任何此类新记录的创建或编制都应与《信息自由法》请求者协调，并获得其许可。当创建或编制记录的费用等于或低于提供现有记录所需的费用时，创建或编制此类记录的费用不向《信息自由法》请求者收取。费用评估必须符合《美国联邦法规》第 32 卷第 286.12 和 286.13 部分的要求。

i. 电子记录和检索

（1）严重干扰。《信息自由法》第（a）（3）（C）部分，要求国防部各部门尽合理努力对响应文件进行电子搜索，除非搜索会对国防部各部门自动化信息系统的运行造成重大干扰。

(a) 如果进行电子搜索需要大量的资金或人力资源，国防部各部门在确定是否在合理努力搜索电子记录时应考虑到这一点。

(b) 创建一个计算机程序，生成包含在定义良好的数据库中的特定请求字段或记录，通常是“合理的努力”。创建一个计算机程序来合并具有不同数据格式的文件，并从结果文件中提取特定元素，被认为是一项特殊的服务，而不是一项合理的工作。

(2) 数据链接。国防部各部门无须花费国防部资金，来建立向《信息自由法》请求者提供实时或近实时数据的链接。

j. 关键基础架构安全信息和军用飞行操作质量保证数据文件。根据《信息自由法》的相关豁免条款，在《信息自由法》相关部门负责人作出信息豁免的书面决定后，《信息自由法》相关部门可拒绝提供关键基础架构安全信息和军用飞行操作质量保证数据文件。

(1) 当国防部各部门有理由相信响应《信息自由法》请求的信息是关键基础架构安全信息，或军用飞行操作质量保证数据文件时，他们将通过监督与合约理事会，向陆军部提交一份文件包，建议豁免所请求的信息。该文件包至少应包含：

(a) 国防部部门官员的备忘录。

(b) 初始《信息自由法》请求的副本。

(c) 一份电子格式的文件副本，该文件副本仅标记关键基础架构安全信息或军用飞行操作质量保证数据文件，不要标记关于任何其他豁免条款的信息。

(d) 有关建议豁免的说明，论述所请求信息属于关键基础架构安全信息，或军用飞行操作质量保证数据文件。

（e）对信息发布后可能造成的损害的全面解释。这种解释必须尽可能具体，以便陆军部作出决定。但是，这种“全面解释”只能包含可公开发布的信息，因为陆军部的决定，以及作出决定的依据，将在国防部公开政府网站的信息自由法部分被公开。

（f）发布信息时涉及公众利益的任何文件。这可以由《信息自由法》请求者，或支持《信息自由法》请求的其他相关方提供给国防部相关机构。

（g）《信息自由法》项目相关部门负责人的决定草案，以及决定依据的声明。

（2）监督与合约理事会将提供《信息自由法》项目相关部门负责人的决定，以及决定依据的声明，并将其公开发布在国防部开放政府网站的信息自由法部分。

（3）国防部部门中负责拒绝《信息自由法》请求的机构,应当向《信息自由法》请求者提供决定副本，并且通知《信息自由法》请求者有权提出上诉，以及上诉机构的相关信息。

6.3. 初步决定

a. 否认信息

（1）国防部部门中负责拒绝《信息自由法》请求的机构，必须决定是否根据《信息自由法》的要求保留信息。在这个过程中，将根据《信息自由法》的一项或多项豁免条款，审查被扣留的信息，以确定其是否符合扣留的标准。这一决定可根据审查官员的建议作出。

（2）国防部部门中负责拒绝《信息自由法》请求的机构，作出拒绝披露请求信息的决定的依据应当具体，例如不能以“请求信息仅为官方使用”作为保留信息的理由。在收到《信息自由法》请求后，必须对请求信息进行审查，以确定信息自由法豁免是否允许扣留信息。

(3) 为了拒绝国防部部门拥有和控制的请求记录中的信息，国防部部门中负责拒绝《信息自由法》请求的机构必须确定一个或多个《信息自由法》豁免有理由，以扣留全部或部分记录。

(4)“格罗马”响应构成完全否认，即对请求信息是否存在也拒绝响应。

b. 拒绝《信息自由法》请求的原因（豁免除外）。除了受豁免条款影响以拒绝披露请求信息以外，还有一些原因可以拒绝披露请求信息，以下是所述原因的具体说明。国防部信息自由法项目相关机构，应当在其相关数据库中跟踪每一个原因，并在年度报告中予以说明。

(1) 没有记录。对文件的合理搜索未能识别响应记录，或者由于国防部相关机构确定其无法搜索到请求信息，因而未进行搜索。

(2) 转介。国防部部门已将所有响应记录转移到另一国防部部门或联邦机构。

(3) 请求被撤回。《信息自由法》请求者撤回《信息自由法》请求。此外，还存在请求被视为撤回的情形。当《信息自由法》请求者服务中心发送通信，询问请求者是否仍对请求感兴趣，而请求者没有响应时，《信息自由法》请求者服务中心将视请求为撤回。

(4) 费用相关原因。相关的情形包括：《信息自由法》请求者不愿意支付与《信息自由法》请求相关的费用；《信息自由法》请求者在支付之前《信息自由法》请求的费用时逾期；或者《信息自由法》请求者不同意费用估算。

(5) 请求不具备合理的描述。《信息自由法》请求者对所请求的信息的描述不具体，从而导致国防部相关机构无法通过合理的搜索来定位它。

(6) 由于其他原因，不是一个合适的《信息自由法》请求。《信息自由法》的请求者不合理地违反本文件规定的程序和要求，但与费用相关的要求除外。

(7) 所请求的信息不是《信息自由法》所管理的记录。

(8) 重复的请求。当《信息自由法》请求者要求提供先前请求中的相同信息时，会出现重复请求。如果可以搜索到自上次请求完成后创建的文档，则不认为它是重复请求。这包括同一请求者在同一时间或不同时间，通过不同方式（如电子信箱、传真、邮件、快递）收到的相同信息。

(9) 其他。国防部各部门可以使用以下其他理由拒绝《信息自由法》请求：

(a) 将请求者定向到另一个机构。《信息自由法》请求者要求披露的是另一联邦机构（如国务院）的记录,《信息自由法》请求者服务中心应当告知请求者，将其《信息自由法》请求发送给适当的机构。

(b) 诉讼。当《信息自由法》请求在处理过程中，请求人已向联邦法院提出申诉，则处理过程在行政上被关闭。在这种情况下,《信息自由法》请求者服务中心应咨询法律顾问，以确定是否继续处理《信息自由法》请求。

(c) 错误的请求。错误的请求将不被视为年度报告中收到或处理的请求。

(d) 无法联系请求者。《信息自由法》请求者服务中心在多次尝试后无法联系《信息自由法》请求者。

c. 回应《信息自由法》请求者。与《信息自由法》请求者的所有通信必须包括《信息自由法》请求跟踪号，以及《信息自由法》请求的日期。

（1）允许请求。当国防部部门决定披露记录时，《信息自由法》请求者服务中心应立即向《信息自由法》请求者提供一份副本，指导《信息自由法》请求者如何以电子方式获取公开的国防部记录（例如，根据信息自由法发布，并在国防部相关部门的信息自由法库中可用的记录）。这种行为被视为一项授权。

（2）不利决定。当国防部机构对《信息自由法》请求作出不利决定时，指定负责响应的官员应遵守《美国联邦法规》第 32 卷第 286.9 部分的程序。

d. 向信息自由法申请人提供文件。见美国联邦法规第 32 卷第 286.9 部分。

e. 商业递送服务。如果《信息自由法》请求者要求提供商业递送服务，并直接支付服务费用，《信息自由法》请求者服务中心可以使用商业交付服务，以更及时的方式交付所请求的信息。

6.4. 咨询、转介和协调

a. 一般规定。见美国联邦法规第 32 卷第 286.7 部分

b. 白宫信息。国防部信息自由法项目的相关机构，包括国家安全委员会工作人员在内，将查找与白宫有关的记录，并将这些记录作为咨询转交给信息自由办公室，该办公室是国防部长办公室 / 联合参谋部的《信息自由法》请求者服务中心。信息自由办公室将与国家安全委员会工作人员进行协调，然后将记录返回国防部部门，以便对《信息自由法》请求者作出回应。

c. 政府问责办公室信息。因为政府问责办公室在行政部门之外，所以

政府问责办公室不受《信息自由法》的约束。但是对于国防部文件中所包含的政府问责办公室记录，应当根据信息自由法进行处理。如有必要，国防部各部门应当与政府问责办公室就所请求信息的可发布性进行磋商，国防部部门应当作出最终回应。

6.5. 上诉

见美国联邦法规第 32 卷第 286.11 部分。

6.6. 费用表

见《美国联邦法规》第 32 卷第 286.12 和 286.13 部分。

6.7.《信息自由法》诉讼

a.《信息自由法》的请求者可在用尽行政补救措施后（例如，当《信息自由法》的请求者就不利行为提出行政上诉，或当国防部相关部门未能在《信息自由法》规定的时限内作出回应时），向美国地方法院申请强制发布信息。司法部《信息自由法指南》对《信息自由法》诉讼提供了更详细的指导。

b. 如果国防部的某个部门收到了有关《信息自由法》请求的诉讼，而该诉讼仍在处理中，则该部门应当在咨询法律顾问后，以行政方式关闭《信息自由法》请求的处理程序。

c. 信息自由法官员应与法律顾问或司法部律师协商，是否应继续进行行政处理，以及是否应直接与《信息自由法》请求者或其律师沟通。

第 7 章　教育和培训

7.1. 一般规定

根据《信息自由法》第（j）（2）（F）节，国防部《信息自由法》教育和培训计划的目的，是向负有《信息自由法》主要职责的国防部人员和国防部律师提供所需知识和技能。实现这一目标将改善对公众的服务质量，提高公众对国防部的信任。

7.2. 程序

a. 监督与合约理事会制定了国防部信息自由法教育和培训计划，为参与《信息自由法》请求日常处理的人员提供全面了解相关法规的机会。

b. 每个国防部信息自由法项目相关机构，负责设计其信息自由法教育和培训项目，以满足其人员的特殊要求。所述教育和培训项目不是必需的，这取决于这些机构参与实施信息自由法的程度。这些教育和培训的对象是：

（1）参与《信息自由法》请求日常处理的人员。

（2）为国防部信相关机构信息自由法处理过程提供搜索或审查的保障性人员。

7.3. 范围和原则

这些计划将：

a. 使人员熟悉《信息自由法》、《美国联邦法规》第 32 卷第 286 部分、《国防部信息自由行动计划》，以及国防部《信息自由法》相关机构单独制定的法规。

b. 指导从事《信息自由法》事务的人员，并告知他们所涉及的法律危害，以及严格禁止采用任何手段违法向请求者隐瞒信息。

c. 向负责拒绝请求的机构和上诉当局提供有关履行其职责的程序和法律指导。

7.4. 实施

为确保解释的一致性，国防部信息自由法项目相关机构将与监督与合约理事会协调其教育和培训项目。

国防部指令：DoDD 8320.02

国防部数据、信息和信息技术服务共享

1. 目的

a. 根据国防部指示 DoDI5025.01［关联文件（b）］和国防部指令 DoDD5144.02［关联文件（c）］中的指导，重新发布国防部指令 DoDD8320.02［关联文件（a）］作为国防部指令 DoDI8320.02。

b. 建立政策，分配职责，并规定安全共享电子数据、信息和信息技术服务的程序，并根据国防部指示 DoDI8000.01［关联文件（d）］，国防部首席信息官（DoDCIO）备忘录［关联文件（e）］和 DoDCIO 备忘录［关联文件（f）］，在整个国防部安全地共享数据。

c. 促进从传输媒介向侧重内容的转变，并指导资源的使用，以实现国防部信息企业（IE）内部以及与任务伙伴之间的数据、信息和 IT 服务的安全共享。

2. 适用性

a. 本说明适用于：

（1）国防部、军种部、参谋长联席会议主席办公室、联合参谋长办公室、作战司令部、国防部监察长办公室、国防机构、国防部现场活动，以及国防部内的所有其他组织实体（在本指令中统称为“国防部组件”)。

(2) 国防部工业工程中可用或可能可用的所有数据资产、信息和 IT 服务，以及开发或实施这些数据资产、信息和 IT 服务的所有规划、计划和项目，包括作为利益共同体（COI）一部分管理的数据资产、信息和 IT 服务。

(3) 以电子形式提供的数据、信息和 IT 服务。

(4) 所有新的系统、服务或能力，以及现有的系统和服务。

本指南不适用于现有的数据、信息和 IT 服务。对于已部署的系统，除非它们获得用于现代化的额外经费投入。换句话说，该指令不需要对现有系统、服务或能力进行强制改造。

C. 对于国防情报部门，本指令不改变其保护情报来源和方法的现有政策，包括按照 12333 号行政命令［关联文件（g)］的指示，交换敏感的隔离信息和情报专用访问程序。

d. 在特殊的情况下，国防部首席信息官可以批准本指令中政策和要求的例外改变。

3. 政策

a. 数据、信息和 IT 服务被认为是国防部信息共享的促成因素。数据、信息和 IT 服务将在其生命周期中对所有授权用户进行可见、可访问、可理解、可信任和互操作。授权用户包括国防部用户和任务伙伴。当然，任务伙伴要受法律、政策、数据权限和安全分类的约束。

b. 所有国防部活动均执行国防部信息技术标准注册处（DISR）引用的适用标准和规范（可访问 https：//gtg.csd. 国防信息系统局（DISA）.mil)，或任何未来国防部指定的信息技术和数据共享标准。

c. 权威数据源（ADS）在国防部数据服务环境（DSE）中注册（可访

问 https：//metadata.ces.mil/DSE）。

d. 在发布数据共享实施指导和指南之前，必须评估和考虑实施数据、信息和 IT 服务的资源影响。

e. 对于残疾的国防部雇员或向国防部寻求信息或服务的公众成员，必须能够获得和使用与非残疾人士同等的信息和数据。

4. 责任

见附件 2。

5. 程序

见附件 3。

6. 发行范围

无限制。本指令经批准公开发布，可从国防部发布网站 http：//www.dtic.mil/whs/directives 获取。

7. 生效日期

本说明：

a. 于 2013 年 8 月 5 日生效。

b. 必须根据关联文件(b)在其出版后 5 年内重新发行、取消或证明有效。否则，本指令将于 2023 年 8 月 5 日到期，并从国防部发布网站上删除。

泰瑞莎 · M · 高井

国防部首席信息官

目　录

附件 1　本指示的关联文件

（a）国防部指令 8320.02，“以网络为中心的国防部数据共享”，2004 年 12 月 2 日（被本指示所取代）

（b）国防部指令 5025.01，“国防部指令计划”，2012 年 9 月 26 日

（c）国防部指令 5144.02，“国防部首席信息官（国防部 CIO）”，2013 年 4 月 22 日

（d）国防部指令 8000.01，“国防部信息企业管理”，2009 年 2 月 10 日

（e）国防部首席信息官备忘录，“国防部网络中心服务战略”，2007 年 5 月 4 日

（f）国防部首席信息官备忘录，“国防部网络中心数据战略”，2003 年 5 月 9 日

（g）行政命令 12333，“美国情报活动”，1981 年 12 月 4 日，修订版

（h）美国法典第 29 编第 794d 节

（i）国防部指令 5000.71“快速满足作战指挥官紧急作战需求”，2012 年 8 月 24 日

（j）国防部指令 5105.19，“国防信息系统局（DISA）”，2006 年 7 月 25 日

（k）国防部指令 5200.01，“国防部信息安全计划和敏感分区信息保护”，2008 年 10 月 9 日，修订版

（l）情报机构指令 501，“情报机构内部信息的发现、传播或检索”，2009 年 1 月 21 日

（m）情报机构指令 502，“情报机构信息环境综合防御”，2011 年 3 月 11 日

（n）情报机构指令 503，“情报机构信息技术系统安全风险管理、认证和认可”，2008 年 9 月 15 日

（o）国防部首席信息官备忘录，“国防部信息企业架构”，版本 2.0，2012 年 8 月 10 日

（p）国防部 7000.14-R，第一卷，第一章，“国防部首席财务官（CFO）”，当前版本

（q）国防部指令 1322.18，“军事训练”，2009 年 1 月 13 日

（r）第 13587 号行政命令，“改善机密网络的结构，改革以及负责任地共享和保护机密信息”，2011 年 10 月 7 日

（s）参谋长联席会议主席指示 3170.01H，“联合能力集成与发展系统”，2012 年 1 月 10 日

（t）参谋长联席会议主席第 6212.01F 号指示，“净准备关键绩效参数（NRKPP）”，2012 年 3 月 21 日

（u）国防部指令 4630.05，“信息技术（IT）和国家安全系统（NSS）的互操作性和可保障性”，2004 年 5 月 5 日

（v）国防部指令 4630.08，“信息技术（IT）和国家安全系统（NSS）的互操作性和可保障性程序”，2004 年 6 月 30 日

（w）国防部首席信息官备忘录，“信息技术（IT）和国家安全系统（NSS）互操作性临时指南”，2012 年 3 月 27 日

（x）国防部元数据规范（DDMS），4.1 版，2012 年 6 月 12 日

（y）国防部指令 5015.2，“国防部记录管理计划”，2000 年 3 月 6 日

（z）国防部 5015.02-STD，“电子记录管理软件应用设计标准”，2007 年 4 月 25 日

（aa）国防部指令 5400.11，“国防部隐私计划”，2007 年 5 月 8 日，修订版

（ab）国防部指令 8500.01E，“信息保证（IA）”，2002 年 11 月 24 日

(ac) 国防部指令 8500.02，“信息保障（IA）实施”，2003 年 2 月 6 日

(ad) 国防部指令 8320.03，“网络中心国防部的唯一标识（UID）标准”，2007 年 3 月 23 日

(ae) 国防部指令 8570.01，“信息保证（IA）培训、认证和劳动力管理”，2004 年 8 月 15 日

(af) 国家安全系统委员会第 4009 号指示，“国家信息保证词汇表”，2010 年 4 月 26 日

(ag) 行政命令 13526，“国家安全机密信息”，2009 年 12 月 29 日 (ah) 行政指示 15，“国防部长办公室记录管理计划”，2013 年 5 月 3 日

附件 2　相关部门的职责

1. 国防部首席信息官（DoD CIO）

a. 指导和监督与数据、信息和 IT 服务共享相关的事宜，在技术层面确保国防部内部，以及国防部与任务伙伴之间的互操作性，包括 ：

（1）使用政府和行业元数据标准的国防部元数据政策的制定、维护和实施。

（2）与国防部各部门负责人以及情报机构（IC）的首席信息官（CIO）协调，制定和维护政策和标准。具体包括 ：

（a）发布元数据。

（b）在整个国防部信息企业（IE）内，发现和检索数据、元数据、信息和 IT 服务。

（c）指导国防部各部门实现联合信息环境（JIE）的交付。

（3）与国防部各部门负责人和情报机构（IC）首席信息官（CIO）协调，根据法律、政策、数据权利和安全分类，制定保护国防部数据、信息和 IT 服务的政策和程序。

b. 建立、维护和实施国防部 IT 政策和流程的管理

实现国防部数据、信息和信息技术服务的安全共享，包括信息保证、发现、可访问性和传播（包括可发布性）。

c. 裁定国防部各部门提出的遵守本协议的例外请求

指示和使用企业服务、接口标准和规范，以交换国防部数据和信息，并确保快速处理关键需求豁免请求［如紧急作战需求（UON)］和国防部

指令 5000.71［关联文件（i）］制定的政策的责任和程序。

2. 国防信息系统局局长

a. 按照国防部首席信息官的指示，执行企业技术可行性评估，并提出共享国防部所有数据、信息和信息技术服务的建议。

b. 提供机制，以确保国防部数据、信息和信息技术服务在国防部的认可下，按照本指令正确注册、公开和可用。

c. 根据国防部指令 DoDD5105.19［关联文件（j)］，通过标准和规范整合，为美国和授权外国合作伙伴的国防部信息系统、网络和相关数据提供共享服务。

d. 发展、建立、管理和提供企业服务，以及用于共享数据、信息和 IT 服务的接口标准和规范，以满足国防部各部门的需求及其经验证的需求。

e. 维护国防部数据服务环境（DSE)，包括拓展数据、共享词汇表、有关 IT 服务的结构和描述性元数据、企业权威数据资源（ADS）描述性元数据，以及相关企业服务。

f. 与国防部首席信息官协调，裁定国防部各部门提交的经信息技术标准注册处（DISR）豁免和变更请求。

3. 主管采购、科技和后勤的助理国防部长［USD（AT&L)］

与国防部首席信息官协调，主管采购、科技和后勤的助理国防部长［USD（AT&L)］职责为 ：

a. 根据本说明更新国防采办系统政策和程序。

b. 为项目经理和项目执行官提供指导，以评估和批准数据共享系统或项目的实施。

c. 与主管政策的助理国防部长［USD (P)］相协调，通过国防采办大学，为中央情报委员会和军种部长提供教育和培训计划，宣传数据、信息的安全共享，并根据本指令在国防部提供信息技术服务。

4. 副首席管理官（DCMO）

副首席管理官与国防部首席信息官相协调，根据本指令监控国防部业务系统，促进国防部数据、信息和 IT 服务的安全共享。

5. 主管政策的助理国防部长［USD（P）］

与国防部首席信息官和主管情报的助理国防部长［USD（I）］合作，制定保护数据、信息和 IT 服务的政策和程序，同时使其能够作为战略资产，在不同的国防部安全领域，与情报机构和任务伙伴依法安全共享。

6. 主管情报的助理国防部长［USD（I）］

a. 根据本指示，与国防部首席信息官、负责政策的助理国防部长［USD（P）］、情报机构首席信息官和国防部组件首席信息官合作，制定政策和程序，保护数据、信息和 IT 服务。同时使其作为战略资产，在国防部安全领域与情报机构和任务伙伴之间安全共享。

b. 根据国防部首席信息官备忘录［关联文件（o）］，监督国防情报活动，以促进根据本指令在其职能范围内安全共享数据、信息和 IT 服务。

c. 监督国防部数据、信息和 IT 服务安全共享所需的反情报和安全措施。

d. 同步管理国防部情报数据、信息和信息技术服务（由国防和国家情报来源提供资金）的国防部部门主管的投资活动。

7. 国防部首席财务官（DoD CFO）

根据国防部 7000.14-R［关联文件文件（p）］中的规定，国防部首席财务官必须遵守本指令中的数据和服务政策，必须禁止在不符合本指令的项目和计划上进行经费投入。

8. 主管人事和战备的助理国防部长 [USD（P&R）]

主管人事和战备的助理国防部长［USD（P&R)］与主管采办、技术和后勤的助理国防部长［USD（AT&L)]、中央情报局和军种部长协调，根据国防部指令 DoDD1322.18［关联文件（q)］和本指令，制定教育和培训计划，提倡在国防部共享数据、信息和 IT 服务。

9. 国防部组件负责人

a. 确保所有适用的计划、系统、服务或能力与本指令一致，并支持在国防部组件和任务伙伴之间安全共享这些资产。

b. 通过在采办和采购中使用国防部批准的标准，或主动通过国防部信息技术标准注册处（DISR）提交变更请求，请求国防信息系统局（DISA）主管的豁免，参与 IT 标准制定过程，促进数据资产的互操作性。

c. 对其所属的论坛进行管理，以支持在其组织内集成元数据标准和流程，实现国防部首席信息官和其他层次首席信息官推出的国防部信息企业（IE）数据计划。

d. 在其管辖范围内，向国防部数据、信息和信息服务安全共享提供经费支持，用于能力演示、项目、计划、倡议和其他工作的工程、实施和运行。

e. 促进国防部数据、信息和信息技术服务的安全共享（包括建立适当的规划、计划、政策、方案和程序），并在其职能范围内，裁定冲突，以尽可能促进这些服务的安全共享，或者向适当的治理论坛提出建议。

f. 在国防部信息企业（IE）提供 IT 服务之前，评估托管或维护 IT 服务的资源影响。

g. 确保数据、信息和 IT 服务使用经批准的企业标识、访问管理功能以及资源元数据标记。

h. 对于所有标识的权威数据源（ADS）、IT 服务和所需的元数据，在国防部数据服务环境（DSE）中进行注册，。

i. 实施政策和程序，以保护数据、信息和信息技术服务，同时根据本指令、关联文件（k），(l)，(m)，(n）和行政命令 13587［参考（r)］的规定，使数据、信息和信息技术服务作为国防部安全域的资产安全共享。

j. 确保快速处理针对时间关键需求（如突发性作战的需求）的豁免请求的责任和程序，以及通过关联文件（i）确定的政策。

k. 与其他国防部部门之间进行协调，以确定潜在的企业数据和服务标准和规范，包括支持国防部数据、信息和 IT 服务互操作性的国际、商业和联邦标准和规范。

10. 参谋长联席会议主席（CJCS）

除了上述第 9 条中的职责外（即国防部组件负责人职责），还要与国防部首席信息官协调，完成以下职责：

a. 与主管采购、科技和后勤的助理国防部长［USD（AT&L)］、负责人事和战备的助理国防部长［USD（P&R)］和军种部长相互协调，制定教育和培训计划，提倡根据本指令共享数据、信息和信息技术服务。

b. 根据适用指南检查国防部作战人员系统，以根据参谋长联席会议主席指令（CJCSI）3170.01H［关联文件（s)］和 6212.01F［关联文件（t)］，验证国防部数据、信息和 IT 服务的安全共享。

附件 3　业务程序

1. 数据、信息和 IT 服务共享

a. 所有信息共享技术必须符合国防部信息技术标准注册处（DISR）中注册的适用标准和规范，或根据国防部指令 DoDD4630.05［关联文件（u）］、DoDI4630.08［关联文件（v）］和国防部首席信息官备忘录［关联文件（w）］获得豁免。

b. 通过为每个资产创建和关联元数据（包括发现元数据），数据、信息和 IT 服务将对授权用户可见。国防部元数据标准必须尽可能符合适用的国家和国际元数据交换标准。发现元数据必须符合国防部发现元数据规范［关联文件（x）］。所有的元数据将是可发现和可检索的（在法律或国防部政策允许的最大范围内），使用国防部通用的能力和工具，例如国防部数据服务环境（DSE）。

c. 数据、信息和信息技术服务将通过国防部指定发布方法供授权用户访问，包括但不限于关联文件（x）、（y）、（z）和（aa）。国防部各部门在将 IT 服务提供给国防部信息企业之前，将考虑托管或维护这些服务的资源影响。

d. 当授权用户能够使用数据、信息和 IT 服务，并且当用户能够方便地确定如何将这些资产用于特定需求时，数据、信息和 IT 服务将被认为是可以理解的。需要相关语义和结构元数据（包括词汇表、分类法和本体）的数据标准和规范将在国防部数据服务环境（DSE）中发布，或在与国防部数据服务环境(DSE)联合的注册表中发布。有关 IT 服务的描述性元数据，

以及使 IT 服务使用者可以理解已发布 IT 服务的结构和语义元数据，必须在国防部数据服务环境（DSE）中或与国防部数据服务环境（DSE）联合的注册表中发布。

e. 当数据、信息和 IT 服务提供

足够的血统和描述性元数据，以供消费者将其作为权威数据资源（ADS）使用，并符合适用的信息保证和网络安全政策，包括多德 8500.01E ［关联文件（ab）］和多德 8500.2 ［关联文件（ac）］。

f. 当数据、信息和 IT 服务为用户提供了足够的描述性元数据，使其成为权威数据源（ADS），并符合适用的信息保证和网络安全政策，包括国防部指令 DoDD 8500.01E ［关联文件（ab）］和国防部指示 DoDI 8500.2 ［关联文件（ac）］时，数据、信息和 IT 服务将被视为可信的。

2. 数据、信息和 IT 服务互操作性

国防部各组件将确保数据、信息和信息技术服务的互操作性，使数据资产易于理解，并使业务和任务流程的重用符合既定的技术、数据和服务标准，并符合关联文件（o）。

3. 数据和信息记录的管理

数据和信息将被视为记录，并根据关联文件（y）中概述的政策进行管理。

a. 国防部各部门在设计、开发、增强和实施包含结构化数据的电子信息系统时，应考虑记录管理和保存。

b. 国防部各部门应使用符合关联文件（z）的记录管理解决方案，管理从应用程序、电子邮件和其他消息传递应用程序、文字处理或演示软件创建的非结构化数据。

词汇表

第一部分　缩写和首字母缩略词

ADS	权威数据源
COI	利益共同体
CJCS	参谋长联席会议主席
CJCSI	参谋长联席会议主席指示
DCMO	副首席管理官
DISA	国防信息系统局
DISR	国防部信息技术标准注册处
DoDCIO	国防部首席信息官
DoDD	国防部指令
DoDI	国防部指示
DSE	数据服务环境
IC	情报机构
ICD	情报机构指令
IE	信息企业
IT	信息技术
JIE	联合信息环境
UON	紧急作战行动需求
USD(AT&L)	主管采购、技术和后勤的助理国防部长
USD(C)/CFO	主管主计的助理国防部长 / 国防部首席财务官

USD(I)　　主管情报的助理国防部长

USD(P)　　主管政策的助理国防部长

USD(P&R)　　主管人事和战备的助理国防部长

第二部分 定义

这些术语及其定义适用于本说明。

无障碍：在关联文件（o）中定义。

权威数据资源：定义见国防部指令 DoDD8320：03［关联文件（ad)]。

授权用户：定义见国防部指令 DoDD8570：01［关联文件（ae)]。

利益共同体：定义见国家安全系统委员会第 4009 号指令 [关联文件 (af)]。

数据：在关联文件（af）中定义。

数据资产：在关联文件（af）中定义。

发现：在关联文件（o）中定义。

发现元数据：有关描述资产并允许使用企业搜索功能找到该资产的数据资产的信息。

国防部信息技术标准注册处：一种国防部注册中心，包括通过协商一致程序指定的信息技术标准的引用，作为获取所有国防部系统（生产、使用或交换信息）的最低信息技术标准集。目标是获得国防部系统之间的互操作性和可保障性。

传播：广播、发布、散布或以其他方式采取措施，以确保信息来源或负责信息的组织以外的可用性（例如，在与外部实体共享的位置发布、推特、电子邮件、共享或保存）。

国防部工业工程：在关联文件（d）中定义。

国防部数据服务环境：一个提供在线存储库的国防部注册表，使开发人员能够重用、理解和共享现有的数据资产。国防部数据服务环境有一个基于 Web 的接口，具有简化的元数据注册和发现功能，支持国防部作战能力、数据标准和数据需求的可见性。国防部数据服务环境提供了许多服务接口，支持设计时和运行时对元数据的访问，并通过开放式搜索与其他注册中心和存储库进行交互。

职能所有者和管理者：国防部主要领导，负责就国防部的职能政策作出决策。它们包括国防部办公室组件负责人，以及其他指定的能力或投资组合管理者。

情报机构：第 13526 号行政命令 [关联文件 (ag)] 第 6.1 (z) 节中定义。

信息：在关联文件（d）中定义。

信息保障：在关联文件（ab）中定义。

互操作性：在关联文件（u）中定义。

IT：在关联文件（d）中定义。

IT 服务：为一个或多个用户提供数据或信息的感知、访问和传递而设计的一种信息技术能力。用户可以是个人、组织或计算机。

联合信息环境：一个由共享 IT 基础设施、企业服务和单一安全体系结构组成的安全环境，以实现全频谱优势、提高任务效率、提高安全性和实现 IT 效率。根据统一的指挥计划，使用可执行的标准、规范和通用的战术、技术和程序，对联合指挥部进行管理。

元数据：描述数据或数据信息特征的信息，或关于实体数据、活动数据、系统和持有的描述性信息。例如，发现元数据是一种元数据，允许使用企业搜索功能查找数据资产。元数据可以是数据、信息或 IT 服务的结构（指定格式结构）、语义（指定含义）或描述性（提供放大或解释信息）。

任务合作伙伴：在关联文件（d）中定义。

国防部办公室组件：在关联文件（b）中定义。

记录：在关联文件（y）中定义。

安全共享：主动实施管理、政策、程序和技术控制，在防止未经授权的人获取信息的同时，可以将信息传播给预期的接收者。

语义元数据：关于数据资产的信息，该信息描述或标识该资产的特征。

结构元数据：提供的关于描述数据资产内部结构或表示的数据资产的信息（例如，数据库字段名、模式、Web 服务标记）。

结构化数据：在关联文件（ah）中定义。

可信的：在关联文件（o）中定义。

可以理解：在关联文件（o）中定义。

紧急作战行动需求：在关联文件中定义。

非结构化数据：在关联文件（ah）中定义。

可见的：在关联文件（o）中定义。

国防部指令：DoDD 8320.07

在国防部实施数据、信息和信息技术服务共享

关联文件：见附件 1

1. 目的

根据国防部指示（DoDI）8320.02［关联文件（a）］和国防部指令（DoDD）5144.02［关联文件（b）］的授权，本指示实现以下目的：

a. 为实施关联文件（a）制定政策，分配职责，规范程序，在国防部建立支持作战、商业、国防部情报和企业信息环境任务领域的安全共享环境。

b. 界定共享数据、信息和 IT 服务的基本概念，确保数据、信息和 IT 服务可见、可访问、可理解、可信任和可互操作。关键促成因素包括但不限于概念、流程、治理论坛、标准、模型和共享词汇表。在本指示中，数据共享和信息共享是等价的术语，服务和 IT 服务在本指令中也可以互换使用。IT 服务包括国防部企业服务，但并非所有 IT 服务都是国防部企业服务。

c. 对国防部信息企业（IE）内部，以及国防部与任务伙伴之间共享数据、信息和 IT 服务的资源使用方法进行详细说明。

d. 合并和取消国防部指令 DoD8320.02-G［关联文件（c）］。

2. 适用性

a. 本指示适用于：

（1）国防部长办公室、军种部、参谋长联席会议主席办公室、联合参谋部、作战司令部、国防部监察长办公室、国防机构、国防部现场活动，以及国防部内的所有其他组织实体（在本指令中统称为“国防部组件”）。

（2）美国海岸警卫队。美国海岸警卫队将按照国防部和国土安全部之间协议备忘录［关联文件（ay）］第 4a 段的指示，遵守本指令中的国防部要求、标准和政策。

（3）所有新的数据资源、信息、IT 服务、IT 系统和能力，以及现有的数据资源、信息、IT 服务、IT 系统和能力。当在利益共同体中具有美军的投资时，还包括美军投资的那一部分。

（4）以电子形式提供的数据、信息和 IT 服务。

此指示不适用于现有的向前部署的数据、信息和 IT 服务，或在作战中使用的那些系统。对于现有系统、服务或能力，如果接收到用于现代化的经费投入，就应当按本指示进行强制改造；如果没有接收到用于现代化的经费投入，将不需要进行强制改造。

本指示不会改变或取代：

（1）国家情报局的现有政策。根据行政命令 12333［关联文件（e）］和其他适用的法律和法规，国家情报局局长［国家情报局局长(DNI)］具有保护敏感分区信息（SCI）和特殊访问程序（SAP）的权力。对于上述法规未特别说是的主题，国防部倡导国家情报局将本指令的规定和程序应用于敏感分区信息（SCI）或其他特殊访问程序（SAP）。

（2）现有的有关使用商业信息交换标准的法律和政策。主要是指记录国防部、联邦政府、州、地方政府、外国政府的商业秘密的发起和响应。

3. 政策

国防部的政策是：

a. 国防部将根据国防部指令 DoDD 8000.01 [关联文件（f）]、国防部首席信息官备忘录 [关联文件（g）] 和第 13526 号行政命令 [关联文件（h）] 的规定，有效地改善国防部及其任务伙伴之间的信息交流，以保卫美国并增强全球稳定。

b. 根据国防部首席信息官（CIO）备忘录 [关联文件（i）]，除法律或国防部政策另有要求外，管理所有新创建的可扩展标记语言（XML）信息交换以及作为这些信息交换的正常生命周期。

c. 根据国防部指示 DoDI8330.01 [关联文件（j）]，所有国防部活动将实施国防部信息技术标准注册处 [国防部信息技术标准注册处（DISR）] 或后续注册处引用的适用标准和规范。

d. 根据关联文件（a），授权数据源 [权威数据源（ADS）S] 将被指定、注册和使用，以尽可能最大程度地通过使可见的、可访问的、可理解的、可信赖的和互操作的数据的重用，来提高任务的有效性。

国防部数据服务环境 [数据服务环境（DSE）] 作战概念 [数据服务环境（数据服务环境（DSE）作战概念（CONOPS）] [关联文件（k）] 和国防部数据服务环境 [数据服务环境（DSE）] [数据服务环境（DSE）] 用户手册 [关联文件（l）] 明确了指定和注册权威数据源（ADS）的标准。

e. 通过为每个资产创建和关联元数据（“标记”），包括元数据，数据、信息和 IT 服务将对授权用户可见。根据关联文件（a），国防部元数据标准将尽可能采用适用的国家元数据交换标准和国际通用标准。

f. 数据、信息和 IT 服务共享概念和实践将在国防部的教育和意识培训中进行宣传引导。

g. 在国防部的规划、计划、预算编制、资金筹措，以及项目开发过程中，对于数据、信息或 IT 服务将遵守本指示、关联文件（m）、关联文件（am）以及关联文件（d）中规定的数据和服务部署原则和业务规则。

h. 根据关联文件（d）、参考文件（n）和关联文件（o）的规定，将使用一套通用的标准、协议和接口来实现国防部数据、信息和信息技术服务的共享。根据关联文件（d），国防部各级将使用一个通用信息共享技术框架。所有新的 IT 系统必须设计为开放性，通过实现中立的托管服务公开高价值数据和内容，并在 www.defense.gov/data 的列表中发布公共数据集。对于现有的系统，高价值数据和内容将通过 Web 应用编程接口（API）提供，并适当地应用元数据标记。国防部的通用信息共享标准、协议和接口将尽可能与其他联邦部门、机构和任务伙伴的标准、协议和接口兼容和互操作。

i. 根据国防部身份和访问管理（IdAM）指南，可通过适当的身份和访问管理（IdAM）机制访问数据和信息。

j. 拟共享的电子数据和信息至少应包括相关的安全元数据，以识别其分类、标记、披露和处理规则，从而支持访问控制。

k. 符合联邦记录定义的数据和信息将按照 DoDI5015.02［关联文件（p）］中概述的记录管理政策进行管理。

l. 国防部的所有活动将遵守国防部指令 5400.11 ［关联文件（q）］ 和国防部指令 5400.11-R ［关联文件（R）］ 关于个人识别信息和信息共享的规定。

m. 所有国防部活动将分别遵守联邦采购条例 ［关联文件（s）］、国防部联邦采购条例补充文件［关联文件（t)］和国防部指令 DoDI4140.01［关联文件（u)］，以共享有关国防部采购和供应链管理的数据和信息。

n. 作为联邦残疾雇员或向国防部寻求信息或服务的残疾公众成员的个人，将有权获得和使用与联邦或非残疾公众可获得和使用的信息和数据相当的信息和数据，根据适当的访问考虑，并符合美国法典第 29 编第 794d 节［关联文件（v)］。对于关联文件（v）的例外情况，遵守国防部手册 DoDM8400.01-M［关联文件（w)］。

4. 责任

见附件 2。

5. 程序

见附件 3。

6. 发行范围

允许公开发布。本指示可在指令部网站 http://www.esd.whs.mil/DD/ 上查阅。

7. 变更摘要

本次发行的变更为行政性变更，并更新组织名称和关联文件以确保准确性。

8. 生效日期

本指令自 2015 年 8 月 3 日起生效。

目　录

b. 使数据、信息和 IT 服务可访问

c. 使数据、信息、IT 服务易于理解

d. 使数据和信息可信，IT 服务安全

e. 使数据、信息和 IT 服务可互操作

f. 实施数据和信息共享程序

g. 执行 IT 服务程序

4. 管理

术语及其定义

附件 1　关联文件

（a）国防部指令 DoDI8320.02，“国防部数据、信息和信息技术（IT）服务共享”，2013 年 8 月 5 日

（b）国防部指令 DoDD5144.02，“国防部首席信息官（国防部 CIO）”，2014 年 11 月 21 日，修订版

（c）国防部 8320.02-G，“实施网络中心数据共享的指南”，2006 年 4 月 12 日（特此取消）

（d）国防部首席信息官备忘录，“国防部信息企业体系结构 2.0”2012 年 8 月 10 日

（e）行政命令 12333，“美国情报活动”，1981 年 12 月 4 日，修订版

（f）国防部指令 DoDD8000.01，“国防部信息企业（DoDIE）管理”，2016 年 3 月 17 日，修订版

（g）国防部首席信息官备忘录，“国防部信息共享战略”，2007 年 5 月 4 日

（h）行政命令 13526，“国家安全机密信息”，2009 年 12 月 29 日

（i）国防部首席信息官备忘录，“国防部采用国家信息交换模式”，2013 年 3 月 28 日

（j）国防部指示 DoDI8330.01，“信息技术（IT），包括国家安全系统（NSS）的互操作性”，2014 年 5 月 21 日

（k）国防部数据服务环境［数据服务环境（DSE）］作战概念（CONOPS），2013 年 3 月 28 日

（l）国防部数据服务环境［数据服务环境（DSE）］［数据服务环境

(DSE)]，2.1 版，用户手册 3

（m）国防部指示 DoDI5000.02，“国防采办系统的操作”，2015 年 1 月 7 日，修订版

（n）管理和预算办公室备忘录 M-13-13，“数字政府：构建 21 世纪更好地为美国人民服务的平台”，2012 年 5 月 23 日

（o）国防部指示 DoDI8551.01，“端口、协议和服务管理（PPSM）”，2014 年 5 月 28 日，修订版

（p）国防部指示 DoDI5015.02，“国防部记录管理计划”，2015 年 2 月 24 日，修订版

（q）国防部指令 DoDD5400.11，“国防部隐私计划”，2014 年 10 月 29 日

（r）国防部 5400.11-r，“国防部隐私计划”，2007 年 5 月 14 日

（s）联邦收购条例，现行版本

（t）国防部联邦采购条例补充，现行版本

（u）国防部指示 DoDI4140.01，“国防部供应链物资管理政策”，2011 年 12 月 14 日

（v）美国法典第 29 卷

（w）国防部手册 DoDM8400.01-M，“确保国防部组织采购的电子和信息技术（E&IT）可用性的程序”，2011 年 6 月 3 日

（x）国防部指令 DoDD8115.01，“信息技术组合管理”，2005 年 10 月 10 日

（y）国防部首席信息官备忘录，“国防部网络中心数据战略”，2003 年 5 月 9 日

（z）国防部首席信息官备忘录，“国防部网络中心服务战略”，2007 年 5 月 4 日

（aa）国防部指令 DoDD5000.01，“国防采办系统”，2003 年 5 月 12 日，

修订版

（ab）国防部指示 DoDI8110.01，“国防部任务伙伴环境（MPE）信息共享能力实施”，2014 年 11 月 25 日

（ac）国防部手册 DoDM5200.01，第 1 卷，“国防部信息安全计划：概述、分类和解密”，2012 年 2 月 24 日

（ad）国防部元数据规范（DDMS），4.1 版，2012 年 6 月 12 日

（ae）情报机构指令 501，“情报机构内部信息的发现、传播或检索”，2009 年 1 月 21 日

（af）情报机构指令 502，“情报界信息环境综合防御”，2011 年 3 月 11 日

（ag）情报机构指令 503，“情报界信息技术系统安全风险管理、认证和认可”，2008 年 9 月 15 日

（ah）国防采办指南

（ai）国防部第 5111.1 号指令，“主管政策的助理国防部长（P）”，1999 年 12 月 8 日

（aj）国家披露政策 -1，“向外国政府和国际组织披露机密军事信息的政策和程序”，2000 年 10 月 2 日

（ak）国防部指令 DoDD5100.20，“国家安全局 / 中央安全局（NSA/CSS）”，2010 年 1 月 26 日

（al）美国法典第 10 卷第 142 节

（am）国防部指令 DoDD7045.14，“规划、规划、预算和执行（PPBE）过程”，2013 年 1 月 25 日，修订版

（an）国防部指示 DoDI8500.01，“网络安全”，2014 年 3 月 14 日

（ao）国防部指示 DoDI8510.01，“国防部信息技术风险管理框架（RMF）”，2014 年 3 月 12 日，修订版

（ap）国防部指令 DoDD5205.02E,“国防部作战安全（OPSEC）计划”，2012 年 6 月 20 日

（aq）国防部手册 DoDM5205.02-M，“国防部作战安全（OPSEC）计划手册”，2008 年 11 月 3 日

（ar）国防部指示 DoDI8550.01，“国防部互联网服务和基于互联网的能力”，2012 年 9 月 11 日

（as）国防部 5015.02 标准，“电子记录管理软件应用设计标准”，2007 年 4 月 25 日

（at）国防部副部长备忘录，“国防部首席信息官执行委员会章程”，2012 年 2 月 12 日

（au）国防部指示 DoDI8320.03，“支持国防部网络中心作战的唯一标识（UID）标准”，2015 年 11 月 4 日

（av）国家安全系统指令委员会（CNSSI）第 4009 号，“国家信息保证词汇表”，2010 年 4 月 26 日

（aw）美国法典第 40 卷

（ax）国防部首席信息官战略，“云计算战略”，2012 年 7 月 5 日

（ay）国防部和国土安全部关于国防部和美国海岸警卫队在网络安全和网络空间行动方面合作的协议备忘录，2017 年 1 月 19 日

附件 2　责任

1. 国防部首席信息官

a. 根据关联文件（b），（d），（x），建立并监督国防部企业管理过程，以共享数据、信息和信息技术服务，包括协调和裁决信息技术投资组合、授权机构（ABs）、任务区和利益共同体（COI）的问题，以及国防部首席信息官执行委员会（EB）的治理结构。

b. 为识别、开发和规定国防部信息技术（IT）系统标准制定政策、分配职责并提供指导，使企业能力的使用能够指导国防部组件实现关联文件（f）中描述的国防部信息企业（IE）最终状态。

c. 开发并完善国防部数据框架，为数据交换、数据结构和信息交换模型［如国防部采用国家信息交换模型（NIEM）］的作用提供指导。

d. 派出国防部参加国家信息交换模型（NIEM）联邦治理机构的代表，包括巩固国防部对国家信息交换模型（NIEM）发展的要求和立场。

e. 与副首席管理官（DCMO）、参谋长联席会议主席（CJCS）和国防部主管情报的次长［USD（I)］合作，制定度量标准，衡量在实现国防部共享数据、信息和 IT 服务的目标方面取得的进展。根据国防部首席信息官备忘录［关联文件（y)］和国防部首席信息备忘录［关联文件（z)］，制定的指标必须满足可测试的技术要求（即可见、可访问、可理解、可信或安全、可互操作），并发布给国防部各部门。

f. 根据关联文件（m）和（aa）的规定，当国防部负责采办、技术和后勤的次长（AT&L）指定为里程碑式决策机构时，为数据、信息和 IT 服务共享能力提供采办监督。

g. 与参谋长联席会议主席（CJCS）协调,解决作战指挥部的信息共享需求。

h. 当国防部组件请求本指令和使用企业服务、接口规范以及国防部数据和信息交换标准的例外情况时，进行裁定。

i. 为非保密信息共享能力指导一套核心电子信息共享标准（包括相关应用）的开发和发布。根据国防部指示 DoDI8110.01［关联文件（ab)］的规定，这些文件是与主管政策的助理国防部长［USD（P)］和参谋长联席会议主席（CJCS）协调制定的。

j. 与主管政策的助理国防部长［USD（P)］、国家安全局局长 / 中央安全局局长（DIRNSA/CHCSS）和主管情报的助理国防部长［USD（I)］协调，并根据国防部手册 DoDM 5200.01［关联文件（ac)］第 1 卷，发布有关信息共享能力（如软件、硬件、架构、配置）的安全分类指南。

k. 评估国防部组件为企业重用提交的候选 IT 服务。

l. 跟踪和评估提供给国防部组件的数据、信息和 IT 服务共享能力。

m. 当主管情报的助理国防部长［USD（I)］与情报机构（IC）协调时，国防部首席信息官应当进行协助，以制定标准化指南，供其他联邦机构在数据分类、存储、处理和分发要求，以及标记、发现和访问数据方面使用。

n. 指导和监督有关数据共享的事项，以支持国防部组件、利益共同体和 IT 组合，根据关联文件（a)，促使信息企业使用现有的政府和行业元数据标准。

o. 根据适用法律、国防部政策和安全分类，与主管情报的助理国防部长、主管政策的助理国防部长、国家情报局局长（DNI)、国家安全局局长 / 中央安全局局长（DIRNSA/CHCSS）和参谋长联席会议席（CJCS）协调，制定保护数据的政策和程序，同时实现跨安全域以及与任务伙伴、其他联邦机构、州和地方政府的数据共享。

p. 通过国防大学、国防采办大学、兵役学校和适当的国防部流程，将数据、信息和 IT 服务共享概念和实践纳入教育和意识培训。在本项职责中，需要与以下三方面进协作：一是参谋长联席会议主席，二是主管采办、科技和后勤的助理国防部长，三是主管人事和战备的助理国防部长。

q. 建立并维护流程和治理，以确保遵守“先考虑国家信息交换模型（NIEM）”的政策。阐明国家信息交换模型（NIEM）如何与根据关联文件（d）、（ad）和国防部信息技术标准注册处（DISR）批准的标准和规范，使用核心标准集和共享词汇表进行信息交换和开发应用程序。

r. 为遵守和执行本指令的“分级问责”方法定义政策和监督。

s. 为那些与企业信息环境任务区域一致的利益共同体（COI）提供治理监督。

t. 根据本指示，以及关联文件（ac）、（ae）、（af）和（ag），制定政策、程序、标准和标准框架，以保护数据、信息和 IT 服务，同时使其作为战略资产安全共享。完成本项职责时，需要与以下几方面合作：一是主管政策的助理国防部长 [USD（P）]，二是主管情报的助理国防部长 [USD（I）]，三是情报部门首次信息官（IC CIO），四是国防部各部门负责人。

2. 国防信息系统局局长

在国防部首席信息官的指导和控制下，以及本部分内容第 10 节（国防部部门负责人职责）的职责之外，国防信息系统局局长还承担以下职责：

a. 与国防部首席信息官和国防部各部门负责人协调，为共享数据、信息、信息技术服务和支持性基础设施的能力制定计划、方案和预算。

b. 发展、建立、管理和提供国防部企业服务，包括全球信息网格技术指导联合会、数据服务环境［数据服务环境（DSE）］注册中心和任何未来国防部指定的数据和服务注册中心的标准和规范，以改进数据、信息和 IT

服务的共享。标准应符合关联文件（d）。

c. 制定并发布国防部 IT 系统安全配置、测试和评估建议，支持数据、信息的电子共享和 IT 服务能力的交付。

d. 适当时，与国防部企业级服务部门主管签订服务水平协议（SLAs），以支持其数据、信息和 IT 服务共享能力需求。

e. 开发、协调、发布和维护国防部各部门在管理和共享数据、信息和 IT 服务时遵循的技术程序。

f. 管理全局加密密钥材料，并支持虚拟专用网络基础设施，以根据关联文件（w）共享数据、信息和 IT 服务。

g. 为数据、信息和 IT 服务共享协议提供电子存储库。

h. 维护数据服务环境［数据服务环境（数据服务环境（DSE)]）。

i. 开发使用企业能力的建议，有助于定位、检索数据和元数据，以包括存在于拒绝、断开、间歇性和有限带宽环境中的战术边缘的数据。

j. 审查国防部各部门提交的国防部信息技术标准注册处（DISR）豁免和变更请求。根据联合企业标准委员会程序的最新版本，向国防部首席信息官提交国防部信息技术标准注册处（DISR）豁免和变更请求，以及进一步行动的建议。

3. 主管采办、科技和后勤的助理国防部长［USD（AT&L)］

与国防部首席信息官协调，主管采办、科技和后勤的助理国防部长应当完成以下职责：

a. 国防采办指南（DAG）［关联文件（ah)］中的国防采办系统政策和程序在必要时应当进行更新，以纳入本指示中所有采办类别（ACAT)、非采办类别、野战 IT 和国家安全系统采办的政策。确保国防采办指南更新包括需要遵守此指令的里程碑标准，并为里程碑决策当局提供指南。比如，如何使用当前的国防部 IT 互操作性策略中描述的分层问责制，以评估和批准数据、信息和 IT 服务共享的系统或程序满意度。

b. 国防采办大学根据本指令中的政策，制定或修改教育和培训计划，以倡导国防部军校数据、信息和 IT 服务的共享。

c. 支持作战、商业和情报任务的项目经理、项目执行官、职能所有者：

（1）促进数据、信息和 IT 服务的共享，并执行成本分析，以评估这些需求的成本。

（2）启用利益共同体（CO Is）。

（3）支持企业治理和标准的实施。

（4）使用和合并权威数据源（ADS）。

d. 对于开发性测试策略、活动和基础设施，应当足以测试和验证是否符合数据共享要求和标准（包括数据标记和身份和访问管理（IdAM）标准），确保系统测试和评估主计划包括相关的开发测试策略。

4. 运行测试和评估（DOT&E）主管

确保过程、程序和基础设施可用于数据共享能力和 IT 服务运行测试和评估。在作战效能、适用性和生存能力的规划和评估中，运行测试和评估（DOT&E）主管考虑数据、信息和信息技术服务共享能力及其对作战级参数（如端到端任务性能、系统互操作性和网络安全）的影响。

5. 国防部副首席管理官（DCMO）

与国防部首席信息官和军事种部首席管理官（CMOs）协调，国防部副首席管理官完成以下职责：

a. 维护并确保国防部业务企业体系结构及其适当的计划、方案、政策、过程、产品发布和程序等与本指示的意图一致。

b. 为与业务任务领域一致的利益共同体（COI）提供治理监督。

6. 主管政策的助理国防部长［USD（P）］

a. 根据关联文件（ac）、（ai）、（aj）和（ab），制定并发布有效实施对外披露指南所需的国防部安全计划、政策和程序。

b. 与国防部首席信息官、主管情报的助理国防部长、情报机构首席信息官和国防部各部门负责人合作，制定政策、程序、标准和标准框架，以保护数据、信息和 IT 服务，同时根据本指示和参考（ac）、（ae）、（af）和（ag），将其作为战略资产进行安全共享。

7. 主管情报的助理国防部长［USD（I）］

a. 监督所有国防部情报交换和共享协议，以便根据本指示中的政策和附件 1 中的所有适用关联文件共享数据、信息和信息技术服务。

b. 与国防部首席信息官、主管政策的助理国防部长、情报机构首席信息官和国防部各部门负责人合作，制定政策、程序、标准和标准框架，以保护数据、信息和 IT 服务，同时根据本指示和关联文件（ac）、（ae）、（af）和（ag），使其作为战略资产安全共享。

c. 为与国防情报任务区一致的利益共同体（COI）提供治理监督。

8. 国家安全局局长

在主管情报的助理国防部长的授权和控制下，根据关联文件（ak）和（al），除本附件第 10 节中的职责（国防部部门负责人职责）外，国家安全局局长还负责安全和动态信息共享社区开发，确定网络安全解决方案，并为支持数据、信息和 IT 服务的网络之间或内部连接提供信息保密服务。

9. 主管人事和战备的助理国防部长［USD（P&R）］

主管人事和战备的助理国防部长与国防大学合作，根据本指令中的政策，制定教育和培训计划，提倡国防部军校共享数据、信息和 IT 服务。

10. 国防部部门负责人

国防部各部门负责人，根据其对指定职能领域的职责和权限，完成以下职责：

a. 根据本指示的附件 3，在整个规划、计划和实施过程中，促进数据可见性、可访问性、可理解性、可信赖性、互操作性，确保数据和服务标准规范。

b. 根据本指示的附件 3，指导和监督数据和服务、共享词汇表，以及相关元数据的开发和可见性，并在适当的注册中心、目录和存储库中进行注册。

c. 对国防部数据、信息和信息服务安全共享的能力演示、项目、计划、倡议和其他工作进行投资。

d. 确保将功能转换到作战环境中，并可互操作，符合数据、信息和 IT 服务共享标准和规范。

e. 参与数据工程资源（DERs）的协同开发，并鼓励在国防部组件的 IT 资源整合中使用它们。

f. 指定数据服务环境（DSE）名称空间管理器，该管理器将提供治理监督，并将清楚地阐明其分配的名称空间内的配置管理过程，如关联文件（k）和（l）中所述。

g. 支持国防部首席信息官指定的企业治理过程，以共享数据、信息和 IT 服务。

h. 向国防信息系统局局长和国防部首席信息官提供国防部企业能力项目和规划信息，以共享数据、信息和信息技术服务。

i. 遵守国防信息系统局局长（DISA）的政策，支持国防信息系统局局长对本部门的数据、信息和 IT 服务，以及企业服务共享能力需求进行验证。制定并实施迁移计划，以使以前获得豁免的旧式信息共享网络与当前政策保持一致。

j. 建设用于共享数据、信息、IT 服务的基础设施，提供支持数据、信息和 IT 服务共享功能的能力规划、规划的资金。根据关联文件（am）的规定，每年向国防部首席信息官提供项目和预算数据。评估托管或维护 IT 服务的资源影响，然后将评估结论提供给国防部信息企业。

k. 根据本指示的附件 3 和参考文献（d）（p）管理数据、信息和 IT 服务共享社区。

l. 通过国防部首席信息官执行委员会提供候选企业 IT 服务能力，以开发和扩展数据、信息和 IT 服务共享能力。

m. 与相关联邦机构协调，帮助国防部首席信息官办公室制定协议标准，解决数据、信息和 IT 服务共享能力问题。

n. 与主管采办、科技与后勤的助理国防部长合作，修改教育和培训计划，根据本指示倡导数据、信息和 IT 服务的共享。

o. 根据关联文件（an）和（ao），在支持数据、信息和 IT 服务共享能力的网络上建设经认证的信息系统。对于规范和标准的例外情况，需要国防部首席信息官的批准。

p. 与国防部首席信息官、主管政策的助理国防部长、主管情报的助理国防部长和情报机构首席信息官合作，制定政策、程序、标准框架和标准，以保护数据、信息和 IT 服务，同时根据本指示和关联文件（ac）、（ae）、（af）和（ag），使其作为战略资产安全共享。

q. 评估信息共享政策和程序，确保根据关联文件（ap）和（aq），降低暴露关键或机密信息的风险。

11. 军种部部长

除了本指示第 10 节（国防部部门负责人的职责）外，军种部部长通过其军种的首席信息官，确保军种部的业务系统架构及其计划、方案、政策、流程和程序与本指示的意图一致。

12. 参谋长联席会议主席（CJCS）

除了本指示第 10 节（国防部部门负责人的职责）外，参谋长联席会议主席还应当完成以下职责 ：

a. 开发、协调和发布政策、条令和程序，以共享联合和联合作战中的数据、信息和 IT 服务能力。

b. 帮助国防部首席信息官跟踪和评估提供给国防部各部门的数据、信息和 IT 服务共享能力。

c. 在联合演习和试验期间使用数据、信息和 IT 服务共享能力，以促进联合部队的发展，包括联合训练、任务演习、联合教育、条令制定、经验教训、试验和作战模拟。

d. 确保联合参谋部和职能能力委员会（FCB）在审查和认可能力时，对数据和服务战略原则进行评估。

e. 与作战司令部司令和国防信息系统局局长协调，建立战术、技术和程序，以支持数据、信息和 IT 服务共享，包括社区建立、维护、终止和制定服务水平协议，以及身份访问或特权管理指导。

f. 为与作战任务区一致的利益共同体（COI）提供治理监督。

13. 作战司令部司令

除了本指示第 10 节（国防部部门负责人的职责）外，作战司令部司令还应通过参谋长联席会议主席，完成以下职责 ：

a. 整合数据、信息和 IT 服务共享能力的运营和管理，以支持区域联合运营，作为全球数据、信息和 IT 服务共享能力的集成元素。

b. 在各自的职责范围内担任审批机构，负责建立、维护和终止共享社区或其领导层的数据、信息和 IT 服务。

附件 3　程序

1. 概述

本部分内容的目的是：

a. 为国防部组织、规划计划制定者、首席信息官、数据生产者、数据提供者、数据使用者和系统开发者提供实施数据、信息和 IT 服务的特定程序。

b. 包括关键概念和强化指导，以帮助实现联合信息环境，并为国防部及其任务伙伴实现信息优势。

2. 程序

a. 国防部各部门、规划计划制定者以及利益共同体（COI）在其职能范围内的工作程序为：

（1）确保系统开发人员、数据生产者和数据提供者：

（a）在开发 XML 信息交换时，首先考虑基于国家信息交换模型（NIEM）标准的方法。当国防部组织正在为新的信息交换要求开发 XML 信息交换或对现有信息交换进行更新时，应当将国家信息交换模型（NIEM）作为第一适用策略，优先考虑国家信息交换模型（NIEM）规则适用于各个接口，在每个接口上使用国家信息交换模型（NIEM）。

①当考虑使用国家信息交换模型（NIEM）进行信息交换时，组织将执行业务案例评估，以比较国家信息交换模型（NIEM）

与任何潜在替代方法的适用性。

②当国家信息交换模型（NIEM）不是解决信息共享需求的最有效的方法时，各组织将记录技术、财务和操作方面的原因，说明为什么替代方法更好，并将向国防部首席信息官提交“首先考虑国家信息交换模型（NIEM）”政策的例外请求。

（b）在升级现有的或设计新的系统时，根据现有的商业或政府应用模型、开源软件，特别是那些广泛实施的标准解决方案。如果不使用这些资源，请提供理由。

（c）尽可能使用由数据生产者、数据提供者、数据使用者和系统开发人员协同开发的，特定于利益共同体（COI）的数据工程资源（DERs）。如果不重用这些类型的数据工程资源，请提供理由。

（d）根据当前国防部身份和访问管理（IdAM）和联邦身份、凭证和访问管理指南或政策，与数据使用者共享数据、信息和 IT 服务。

（2）与数据使用者协作以确定数据、信息和 IT 服务需求。

（3）按照关联文件（k）和（l）的规定，为数据服务环境（DSE）中任何分配的名称空间的配置管理提供监督。

（4）确保数据和元数据资源、共享词汇表、服务和权威数据源（ADS）的正常运行。

b. 数据生产者和数据提供者的工作程序为：

（1）在确保信息安全的前提下，尽最大可能提供数据和相关元数据，包括在完成数据处理和分析之前发布原始情报数据。

（2）根据关联文件（ar）的规定，提供数据准确性的相关属性，如误差估计值、有效期和适用范围。

(3) 在共享空间中放置数据或预定位数据，授权数据使用者可能会在正常操作过程中找到这些数据或预定位数据。

c. 在其职能范围内的授权机构（ABs）的工作程序为：

(1) 在数据服务环境（DSE）中标注授权机构的声明（如宪章、任务声明、数据服务环境作战概念（CONOPS）等）。

(2) 根据本指示和关联文件（k）和（l），将数据需求和权威数据源（ADS）注册到数据服务环境（DSE）中，同时也应当将用于分类和识别数据的编码注册到数据服务环境（DSE）。

(3) 确定数据源，以及明确这些数据源何时具有权威性。

(4) 根据关联文件（k）和（l）中规定的数据服务环境（DSE）标准，确保权威数据源(ADSs)的正确注册,包括数据服务环境(DSE)中相关组件之间的交叉关联。

(5) 确定其职能范围内的数据冲突或差异，基于这些数据冲突或差异提出数据提供程序的策略、要求、资源或技术约束，并在可能的情况下解决这些冲突或差异。

d. 利益共同体（COIs）在其职能范围内的工作程序为：

(1) 根据关联文件（y）和（z）确定数据和信息共享能力，以及开发能力。

(2) 确定标准化方法，以促进数据和信息共享，并衡量在实现关联文件（y）和（z）所述的数据和服务战略目标方面取得的进展。

(3) 衡量共享数据、信息和 IT 服务对用户的价值。

(4) 与数据生产者、数据提供者、数据使用者和系统开发人员协调，开发和维护任何语义和结构需求，以确保利益共同体（COI）成员和未预料到的授权用户能够有效地理解和使用数据和元数据。

(5) 在数据服务环境（DSE）中注册利益共同体（COI）开发的供

利益共同体（COI）成员和非预期授权用户使用的任何 DER 和元数据产品。

(6) 确保利益共同体（COI）特定元数据按照信息技术标准注册处 [国防部信息技术标准注册处（DISR）] 授权的 IT 标准和规范设计，以最大化企业搜索过程中的可理解性和可见性。

(7) 酌情与管理机构合作，确保通过项目、流程和系统采纳并实施利益共同体（COI）建议。

3. 数据、信息和 IT 服务实现

数据、信息和 IT 服务将是可见的、可访问的、可理解的和可信任的，并将确保安全共享。所有国防部组织、数据生产者、项目经理、职能所有者、首席信息官、数据提供者、数据使用者和系统开发人员执行以下程序 ：

a. 使数据、信息和 IT 服务可见

(1) 使用现有资源作为达成共识的起点，在数据服务环境（DSE）中可以搜索由他人注册的现有信息资源、数据分类和其他的数据工程资源（DERs），以及利益共同体（COIS）工作相同或相似的问题空间。这对于用户来说是很重要的。

(2) 为高价值数据和信息创建元数据，描述谁负责特定数据资源、数据资源位于何处、可用的数据资源类型以及如何访问数据资源，以使数据可供用户查找。

(3) 将元数据（即数据标记）与每个相应的数据资源相关联。如果可能，为每个数据资源集成此任务的自动化软件，以便考虑各种类型和详细级别。

(4) 在数据服务环境（DSE）中发布每个数据资源的元数据，所有国防部授权用户都可以使用这些元数据。

(5) 将数据资源迁移到数据服务环境（DSE）或其他适当的共享空间。用户和应用程序将私有数据资源（即保存在系统特定存储中的数据资源）迁移到授权用户共享空间中（例如，非安全Internet 协议路由器网络“NIPRNET”上可用的服务器和 IT 服务，或保密互联网协议路由器网络“SIPRNET”，使这些共享空间作为用户和应用程序发布或检索数据资源的存储库。企业共享空间将根据需要进行维护、保护和部署，以支持国防部的任务。

(6) 通过使用企业搜索工具关联元数据，改进对发布到共享空间的数据资源的搜索能力。

(7) 建立和维护元数据注册中心。元数据注册表公开共享数据和关联共享空间中包含的元数据。

(a) 对于发布到共享空间的所有数据资源，应当根据国防部元数据规范（DDMS）在元数据注册表中进行记录。所有元数据注册中心都将遵循企业发现接口标准，以允许在注册中心内或跨注册中心进行搜索。社区注册中心将链接到数据服务环境（DSE）以创建“注册中心目录”。

(b) 注册将是可搜索的，要么由应用程序通过应用程序自动搜索，要么通过用户友好的、基于 web 的界面手动搜索。

(8) 建立档案空间，以支持信息的安全共享。通过多个在线应用程序和数据服务进行检索，并根据适用说明维护国防部各部门的记录和信息。企业档案空间将根据需要进行开发、维护、保护和分级，以支持这一要求。

(9) 按照关联文件（p）和（as），将数据和元数据以标准格式存档到长期可访问的空间。用户原来的应用程序和数据存储库将从运行状态迁移到非活动状态，但将提出共享信息访问的要求。

b. 使数据、信息和 IT 服务可访问

（1）文档访问过程和共享约束，包括现有的策略、法律或分类。这些策略、法律或分类将限制对数据和元数据的访问，应当有隐式规则指示系统如何响应请求。

（2）将与安全相关的元数据与每个相应的数据资源相关联。数据资源的访问将通过二种途径进行控制：一是分类标记元数据，二是诸如公钥基础设施和基于角色和属性的访问控制（ABAC）过程等技术。

（3）智能机器控制的访问机制可以最大可伸缩性来处理未授权用户的请求，而不降低关键操作用户的性能。

（4）通过利用操作访问机制、数据标准和信息交换规范发现企业数据资源。

（a）与所有相关的涉众协作，促进访问机制的重用，减少获得所需能力的重复性工作。

（b）遵守国防部信息技术标准注册处（DISR）和数据服务环境（DSE）中规定的现有技术标准、规范和配置文件。

（5）通过使用标准化的、基于 Web 的、机器可读的、开放格式的方法，来减少对预定义设计的点对点接口的需要，从而最大限度地重用操作和技术。

（6）通过将紧密耦合（即点对点接口）转换为松散耦合的服务（即多对多数据交换），实现可以处理授权但未预料到的用户的新接口。

c. 使数据、信息和 IT 服务易于理解

（1）在决定哪种信息共享交换方法最能满足安全共享的任务和操作

需要时，首先考虑基于国家信息交换模型（NIEM）标准的方法。

(2) 如果国家信息交换模型（NIEM）不是最有效的方法，那么：

(a) 发现和重用现有语义元数据产品，包括在数据服务环境（DSE）中发现的词汇、分类、本体和概念数据模式，作为任何新的或相关的语义元数据的基础。

(b) 发现和重用现有元数据产品，包括在数据服务环境（DSE）中发现的逻辑和物理数据模式作为形成任何新的或相关的结构表示的基础。

(3) 建立对数据和元数据的共同理解，使其可见和可访问。这可以通过定义基于社区的本体、分类法（即数据分类方案）、同义词表、词汇表或关键字列表来实现。

(4) 在数据服务环境（DSE）中注册所有适用的数据工程资源（DER）。

(5) 将语义元数据与每个数据资源相关联。语义元数据提供对数据资源含义和上下文的深入了解，以包括与内容相关的详细信息，如国防部发现元数据规范（DDMS）元素：主题、关键字和上下文。

(6) 将结构元数据与每个相应的数据资源相关联。结构元数据描述数据资源的格式相关方面，如文件大小、比特率和维度，允许用户缩小信息搜索范围，以便选择满足其特定操作约束的产品。

(7) 将任何新的或修改过的语义、结构，或特定于社区的与内容相关的元数据产品发布到数据服务环境（DSE）中。

d. 使数据和信息可信，IT 服务安全

(1) 确定权威数据源（ADS），以及数据在何种上下文中具有权威性。

(2) 在数据服务环境（DSE）中注册权威数据源（ADS），并显示授权有效的业务用途和上下文。

(3) 在 XML 格式的所有交换数据上，标注安全级别标记（即“数据内部传输”）。这些标记应当遵守情报机构（IC）信息安全标记元数据标准和关联文件（al）的规定，并包括所有相关的分类数据，如解密日期等。

(4) 将与安全相关的元数据与每个相应的数据资源相关联，以支持用户决定哪些数据资源适合用于：

(a) 系谱元数据。使消费者能够跟踪数据资源的来源和沿袭。描述数据资源谱系的概念性元数据包括创建日期、修改日期、处理步骤（包括方法和工具）、源和作者（如果已知）、状态以及针对已发布约束集的验证结果。

(b)安全标签。根据分类和传播控制限制对数据和元数据的访问。

(c) 权限保护元数据。包括任何版权、商标、许可、专有信息、隐私法［根据关联文献（q）和（r）］或其他用于保护数据免受不当使用的限制。

(5) 根据联邦风险和授权管理计划提供的最新安全要求和指导部署数据、信息和 IT 服务。

e. 使数据、信息和 IT 服务可互操作

(1) 数据使用者必须考虑国防部企业注册中心为给定 IT 服务指定的参数，以便使用其数据。

(2) 开发人员必须根据关联文件（d）提供适用的架构视图，并根据关联文件（j）在信息支持计划中包含所有信息交换的摘要列表。

(3) 适当时，数据使用者和开发人员必须使用数据中介来扩展利用内容的能力。这些内容必须从多个来源聚合，通过一组经过编排的流程开发，在信息结构中转换或从一个协议调整到另一个

协议。

（4）IT 服务的提供者和管理者可以请求国防部首席信息官考虑将 IT 服务指定为国防部企业服务，前提是 IT 服务确定在其预期功能边界之外有用。

（5）开发人员和系统发起人必须确保数据互操作性，因此必须通过所有适用系统测试和进行互操作性评估。

f. 实施数据和信息共享程序

为加强数据共享，还应当：

（1）尽快提供数据。除非受到安全、政策、法规的限制，或为了保持最低水平的数据准确性，数据生产者和数据提供者不应为了在发布数据之前完成数据处理而延迟使数据资源的可访问性。

（2）在开发信息交换时，重用数据服务环境（DSE）中可用的信息交换包，同时遵守国防部采用国家信息交换模型（NIEM）的总体指导。新的信息交换或现有信息交换的现代化将遵循提供国防部发现元数据规范（DDMS）和基于属性的访问控制（ABAC）的要求。

g. 执行 IT 服务程序

为加强 IT 服务，还应当：

（1）IT 服务的提供者和管理者应当通过使用非专有的万维网联盟和组织，来促进结构化信息标准［例如简单对象访问协议、Web 服务描述语言（WSDL)］向用户公开服务。

（2）IT 服务的提供者和管理者必须提供服务描述信息，以使整个企业的用户能够发现和理解。

（3）对于 IT 服务的提供者和管理者，必须在数据服务环境（DSE）中定义和注册构成 IT 服务实现基础的词汇表和业务规则，以便于相关功能社区理解服务的输入、输出和操作。

4. 管理

a. 根据关联文件（at），国防部首席信息官应当通过国防部首席信息官执行委员会，确保流程、程序、规划、计划、预算等事项与采办、IT 投资组合管理的协同工作。

（1）应该解决执行层、项目管理和工程责任，以及整个信息企业（IE）任务区域使用的数据、架构、服务和标准。

（2）国防部首席信息官应当根据关联文件（at），建立国防部首席信息官电子商务治理结构，裁定跨境技术冲突，并监督国防部首席信息官认可的利益共同体（COI），以确保解决任务线程和作战数据共享缺口。

b. 可靠、可访问的权威数据源（ADS）对于作出科学的决策至关重要。权威数据源（ADS）管理基于可靠的数据和信息。权威数据源（ADS）管理的一个关键步骤包括权威数据源（ADS）的定义、标识、维护和验证，以及从数据生产者、数据提供者和数据用户收集的特定数据需求。

（1）权威数据源（ADS）的管理，是通过将数据需求、数据源和数据实体绑定在一起，由数据服务环境（DSE）中的一个或多个授权机构（ABs）决定，是否适合在特定环境中使用权威数据源（ADS）来完成的。

（2）数据服务环境（DSE）支持数据需求、数据源和实体数据的绑定，允许操作用户提出权威数据源（ADS）的建议。然后，将这些建议的权威数据源（ADS）提请职责范围内需要数据的授权机构（ABs）审查。

（3）然后，授权机构（ABs）成员或其指定人员可以批准提案，从而正式指定权威数据源（ADS）。授权机构（ABs）对数据实体和数据源所做决策应当具有共享性和可见性，这有助于提高准确性，并增强用户对特定数据源的信心。

c.IT 服务管理应当是一个有序的过程。确认服务满足政策原则（例如，使服务可见、可访问、可理解、安全和可互操作），并且政策决策和执行符合国防部以及相关利益共同体（COI）和利益相关者的要求。管理过程的一部分是持续监督，以确认遵守服务水平承诺的绩效措施。当需要采取纠正措施时，管理过程将跟踪问题和缺陷，以确保以与服务级别承诺一致的方式和时间，来解决问题和缺陷。

d. 关于豁免请求。在可能有资格豁免本指令的有限情况下，授权机构（AB）或出资方应将其豁免请求转发给国防部首席信息官。国防部首席信息官可要求其管辖下的电子商务委员会对豁免请求进行审查，并提出审查结论。国防部首席信息官豁免和政策例外的请求应当至少包括 ：

（1）如果授予豁免，应当得到国防部组件级认可。豁免或例外请求的理由必须具有完整说明。豁免请求包括信息交换的操作要求，以及遵守本指令所带来的不可避免的负面影响。这些负面影响应当包括成本、进度、性能和信息安全等方面。

（2）如果不授予豁免，应当将发生的所有运营或财务方面的限制或影响描述清晰。

术语及其定义

授权机构：国防部批准的利益相关者。授权机构在任务区域内开发和批准权威数据源（ADS)。授权机构是一个公认的、可持续的组织，其资金和员工拥有技术或主题专业知识、透明的决策过程，以及定义明确、严格的配置管理过程，并积极参与经批准的国防部企业级协调论坛。官方建立的利益共同体（COI）是识别其任务区域内权威数据源（ADS）的授权机构。官方认可，是指具备相应职权的联邦政府机构批准的许可文件。

数据用户：为特定目的使用数据的个人、团体或应用程序。

数据互操作性：跨越系统或组织边界的数据的能力。

数据中介：从一种形式到另一种形式的内容转换（如数据聚合、编排、转换、改编)。数据中介扩展了利用必须从多个源聚合的内容，通过一组经过编排的流程开发，在信息结构中转换或从一个协议调整到另一个协议。由于国防部行动的规模、范围以及关注点，数据中介已经在数据互操作性方面发挥重要作用。

数据需求：支持一个或多个操作需求的特定类型数据的命名和定义规范。它可能是通用的，也可能是非常特殊的。

数据生产者：国防部内部控制、制造或维护数据资源的组织或个人。

数据提供者：从数据源或生产者向用户公开数据资源的实体或组织。数据提供者可以公开数据。但它也可以是，或不是原始数据生产者。

数据源：一种特定的数据集或存储库，用户可以从中获取数据以供以后使用。数据源可以是多个单独的数据集或存储库的组合。

数据标准：数据、元数据或交换协议的定义、表示或格式的文件化协议和规范，用于提高数据理解和数据互操作性。一个数据标准需要一个叙述性的规范，并且可以包括辅助的数据工程资源（DERs）来指导 IT 系统开发和测试一致性。广泛采用设计良好的数据标准可以减少调解的模糊性和必要性，同时在需要时提高调解的效率和透明度。

元数据：即描述数据的数据，主要是描述数据属性的信息，用来表明存储位置、历史数据、资源查找、文件记录等功能。元数据算是一种电子式目录，为了达到编制目录的目的，达成协助数据检索的目的。

国防部企业服务：向国防部所有部门提供并经批准在国防部网络上运行的信息技术服务。

国防部信息网络：全球互联的端到端信息能力集，以及收集、处理、存储、传播和管理作战人员、决策者和保障人员所需信息的相关过程，包括自有和租赁的通信和计算系统、服务、软件（包括应用程序）、数据和安全性。

信息交换规范：定义和描述数据交换的结构和内容，以在两个或多个参与方之间共享信息的一种叙述性规范和数据请求集。软件开发人员使用信息交换规范，来实现在指定类型的数据交换中正确生成或使用实例文档。

IT 服务：主要目的是执行一项或多项可识别的任务，而不是提供最终产品。

联合信息环境：一个由共享 IT 基础设施、企业服务和单一安全体系结构组成的安全联合信息环境，以实现全频谱优势，提高任务效率，提高安全性和实现 IT 效率。

叙述性说明：描述规范目的和预期用途的材料。叙述性规范应：对规范的特征和功能提供功能性描述，不熟悉规范的人可以理解，注意规范使用不合适的任何边界条件（例如，不适合作为目标），提供联系点信息，包括附加信息的 url，并清楚地显示处理限制，包括但不限于规范和任何相关数据工程资源（DERs）的版权和许可。

服务：服务提供者的时间和努力，其主要目的是执行可识别的任务，而不是提供最终的供应项目。

规范：一组明确的要求，由一种材料、设计、产品或服务来满足。

结构元数据：结构元数据提供有关关联资产格式的详细信息，在试图理解资产的物理表示形式时非常有用。

分级问责：美联邦的管理方法，以实现有效和高效的管理，其中存在多个级别的组织，每个都有各自的权限。国防部可以定义为一组层，至少包括企业级、能力级和组件级。国防部的每一层管理其负责的领域，并与上级的指导保持一致。

国防部手册：DoDM 5230.30

国防部强制解密审查程序

编号：5230.30

2011 年 12 月 22 日

合并变更 2，自 2019 年 8 月 13 日起生效

国防部首席管理官

主题：国防部强制解密审查（MDR）程序

关联文件：见附件 1

1. 目的

根据关联文件（a）和关联文件（b）的授权，本手册实施关联文件（b）中制定的政策，分配职责，并规定进行解密审查的程序。

2. 适用性

本手册适用于国防部、军种部、参谋长联席会议主席办公室和联合参谋部、作战司令部、国防部监察长办公室、国防机构、国防部现场活动，以及国防部内的所有其他组织实体（以下统称为“国防部组成部分”）。

3. 定义

参见词汇表。

4. 责任

a. 国防部首席管理官的责任是，在国防部长的授权、指导和控制下，处理针对国防部长办公室 (OSD) 的强制解密审查（MDR）请求。

b. 国防部各部门负责人的责任 ：

（1）建立处理强制解密审查（MDR）请求和申诉的程序，以获取记录。

（2）指定一个上诉机构来裁决组件的强制解密审查（MDR）上诉。

5. 程序

见附件 2。

6. 可释放性

允许公开发布。

7. 生效日期

本手册合并变更版自 2019 年 8 月 13 日起生效。

目　录

附件 1　关联文件

（a）国防部指令 5105.53，“行政和管理（DA&M）主任”，2008 年 2 月 26 日

（b）国防部指令 5200.01，“国防部信息安全计划和敏感分区信息保护（SCI）”，2016 年 4 月 21 日

（c）行政命令 13526，“国家安全机密信息”，2009 年 12 月 29 日

（d）国防部 5200.1-R，“信息安全计划”，1997 年 1 月 14 日

（e）联邦法规第 32 卷第 2001 和 2004 部分

（f）美国法典第 5 卷第 552 节

（g）国防部手册 5400.07，“国防部信息自由法案[信息自由行动（FOIA）]计划”，2017 年 1 月 25 日

（h）美国法典第 50 卷第 431、432、432a.432b 和 432d 节

（i）国防部 7000.14-R 第 11A 卷第 4 章，“国防部财务管理条例（FMRs）”，现行版本

（j）公法 113-187，“2014 年总统和联邦记录法修正案”，2014 年 11 月 26 日

附件 2　强制解密审查（MDR）处理程序

1. 总则

a. 国防部各部门应根据关联文件（d）和关联文件（e）的规定，处理公众对国防部各部门内部机密记录的强制解密审查（MDR）请求。

b. 根据强制解密审查（MDR），不需要进行公开发布审查的记录包括：

（1）未分类记录或在收到强制解密审查（MDR）请求前已解密的先前分类记录。这些记录必须关联文件（f）和关联文件（g）的要求。

（2）在收到强制解密审查（MDR）请求之日前 2 年内已收到过强制解密审查请求，并已进行处理。如果是这种情况，则应向请求者提供先前的处理结果，并告知其有权在 60 天内向国防部部门提出上诉，除非这些处理结果已经在向机构间安全分类上诉小组（ISCAP）提出过上诉。

（3）根据关联文件（h）的规定，包含法规豁免搜索和审查的信息的记录。

（4）记录来源于现任总统；现任总统的白宫工作人员；现任总统任命的委员会或董事会；或总统办公厅内专门为现任总统提供咨询和协助的其他实体。

（5）包含标记为受限数据或以前受限数据的信息的记录。

（6）未决诉讼的记录。

2. 强制解密审查（MDR）请求者指南

根据关联文件（c）和关联文件（h）第 3.5 节的规定，要求解密国防部机密记录的公众成员应：

a. 将书面请求提交给本手册中列出的相应国防部部门。

b. 以足够的特异性识别所请求的记录，使国防部部门能够以合理的工作量来找到它。提供足够具体性的信息将包括记录标识符，如发布机构、发布人、日期、标题、主题、国家档案和记录管理局登记号，或其他适用的唯一标识号。关于某一特定主题的广泛或专题性强制解密审查（MDR）记录请求，如“任何和所有有关”某一主题的文件，不符合本标准，将不予受理。

c. 在请求中包含正确的回信地址。

d. 包括一份声明，声明请求者理解该请求可能导致费用的产生，这些费用的明细本指示也进行了说明。

3. 接收和控制

收到强制解密审查（MDR）请求后，国防部组件应向请求者发送确认，并确保在受理系统中可以打开文件。确认书应包括跟踪号和收到请求的日期。

4. 强制解密审查（MDR）和信息自由行动（FOIA）请求的合并处理

国防部各部门应了解强制解密审查（MDR）和信息自由行动（FOIA）下的可能请求。根据关联文件（e）第 2001.33（f）节的规定，如果请求者要求在《信息自由法》和《多学科发展报告》中提供相同的记录，国防部相关部门应要求请求者仅选择其中一个进行处理。如果请求者没有选择一个过程，国防部相关部门应根据信息自由法处理请求的记录。

5. 强制解密审查（MDR）记录评审过程

a. 通常情况下，申请将以收到日期为准，以先进先出的方式进行处理。

b. 应确保在收到强制解密审查（MDR）请求之日起 1 年内，向请求者提供强制解密审查（MDR）请求的响应。

c. 国防部各部门应当对强制解密审查（MDR）请求进行逐行审查，以确定记录中包含的信息是否遵循关联文件（c）的分类标准。逐行审查必须考虑到本指示所述外国政府信息（FGI）的独特敏感性。根据关联文件（c）第 3.6（b）节，国防部各部门记录中如果包括另一美国政府机构提供的机密信息，将共同进行解密和发布决定。同样地，国防部各部门与另一国防部部门一起产生的机密信息，也将共同进行解密和发布决定。最初收到强制解密审查（MDR）请求的国防部部门有责任管理这些转介，并在准备请求的最终决定时，协调其他机构或国防部部门进行最终决定。对每个记录的审查将确定该记录是否：

（1）不再符合关联文件（c）确定的分类标准，因此被完全解密。

（2）包含仍符合关联文件（c）规定的分类标准的部分，因此部分解密，部分拒绝。

（3）仍然完全符合通过关联文件（c）确定的分类标准，因此被完全拒绝。

d. 对于符合上述 5.c.（1）和 5.c.（2）项标准的记录，国防部各部门不得发布根据《信息自由法》第 2 条至第 9 条豁免公开发布的任何非保密信息。关联文件（g）对《信息自由法》豁免提供了更详细的解释。

e. 此过程完成后，国防部各部门应根据适用法律和授权，对所有机密和非机密信息进行修订。记录中的所有信息，如果被确定为可公开发布的信息，应立即提供给请求者。

6. 公共访问

为了提高透明度，国防部各部门应在其网站上，发布应强制解密审查（MDR）请求所发布的记录。

7. 外国政府信息

必须确保未经原诉政府事先同意，外国政府信息（FGI）不会被解密。因此，如果请求的记录来源于或包含来自外国政府或组织的信息，或被该政府或组织分类，国防部各部门应：

a. 根据关联文件（d）进行记录的强制解密审查（MDR）。

b. 将记录连同审查结果转交美国国务院，以便进一步与原籍国政府协调。

8. 拒绝提供信息

a. 当机密信息被拒绝时，国防部相关部门应书面通知请求者：

(1) 根据关联文件（c）的适当章节，目前正确分类的信息被拒绝（无论是全部还是部分记录）。

(2) 有权在收到拒绝后 60 天内，向国防部提出上诉。

(3) 上诉机构的邮寄地址。

b. 当根据《信息自由法》第 2 条至第 9 条的豁免规定，非机密信息因被确定免于发布而被扣留时（无论机密信息是否也被扣留在同一记录中），国防部组成部分应通知请求者：

(1) 关联文件（c）第 3.5（c）节中，允许在适用法律授权和保证扣留信息时拒绝信息。

(2) 根据《信息自由法》的一项或多项豁免，免于公开发布的非保密信息已被扣留。

c. 由于强制解密审查（MDR）仅适用于受理保密信息，因此不受理对非保密信息的申请。由于请求未根据《信息自由法》进行处理，因此请求者不会被授予强制解密审查（MDR）的上诉权。

d. 对于不予提供的机密信息，国防部相关部门不需要对外确认所请求的信息是否存在。

9. 强制解密审查（MDR）上诉

强制解密审查（MDR）上诉仅限于拒绝提供机密信息。国防部各部门应在收到强制解密审查（MDR）上诉后 60 个工作日内应诉。如果需要额外的时间作出决定，应诉当局应通知请求人所需的额外时间，并向请求人提供延期的理由。上诉审查完成后，上诉受理机构应以书面形式将裁定结果通知请求人。如果上诉受理机构确定某些信息仍属于关联文件（c）项下的保密信息，则根据关联文件（c）第 5.3 节的规定，申请人有权在收到所述裁定结果后 60 天内向机构间安全分类上诉委员会（ISCAP）上诉，进行最终裁定。”

10. 费用

在响应强制解密审查(MDR)请求时,国防部各部门可按照关联文件(e)的许可收取费用。搜索、审查和复制费用应符合关联文件（i）中的费用表。

附录 受理强制解密审查（MDR）请求的国防部相关部门

一般情况。国防部没有国防部记录的中央存储库。因此，强制解密审查（MDR）请求应发送给保管请求记录的国防部相关部门。如果请求者不确定国防部的哪个部门有保管权，或者国防部的哪个部门没有在下面列出，则应当将强制解密审查（MDR）请求发送给华盛顿总部服务部门。

a. 国防部华盛顿总部保密记录服务处、国防部长办公室和参谋长联席

会议主席办公室

b. 陆军部

c. 海军部

d. 空军部

e. 海军陆战队

f. 国防信息系统局

g. 国防情报局

h. 国防后勤局

i. 国防安全局

j. 国防部减少威胁局

k. 导弹防御局

l. 空间情报局

m. 国家侦察办公室

n. 国家安全局 / 中央安全局

o. 北美航空防御司令部和美国北方司令部

p. 美国非洲司令部

q. 美国中央司令部

r. 美国欧洲司令部

s. 美国太平洋司令部

t. 美国南部司令部

u. 美国特种作战司令部

v. 美国战略司令部

w. 美国运输司令部

x. 机构间安全分类上诉委员会

国防部指示 DoDI 5400.13

分布时间：2008 年 10 月 15 日

公共事务运作

1. 目的

a. 根据国防部指令 5025.01（关联文件 b）和国防部指令 5122.5（关联文件 c）中的指导，重新发布国防部指令 5400.13（关联文件 a）作为国防部指示。

b. 根据国防部副部长备忘录（关联文件 d），制定政策并分配职责，提升国防部的公共事务运作能力。

c. 在新的标题“公共事务运作”下，涉及国防部的公共事务角色和职责，包括军种部长、参谋长联席会议主席办公室、作战司令部司令和国防部其他部门的负责人。

2. 适用性

本指令适用于国防部、军事部门、参谋长联席会议主席办公室和联合参谋部、作战司令部、国防部监察长办公室、国防机构、国防部现场活动和国防部所有其他组织实体（以下统称为“国防部部门”）。

3. 定义

参见附件 3。

4. 政策

国防部的政策是：

a. 国防部公共事务活动应通过向国内、国际和内部受众传达有关军事活动的信息，为国防部的目标作出贡献。

b. 国防部公共事务运作能力应得到发展和利用，以支持指挥行动，确保美国人民和盟友的信任和信心，威慑和劝阻对手，并打击错误信息和虚假信息，确保信息的有效性。根据国防部指令 5160.70（关联文件 e），应当以地区语言提供符合文化要求的信息。

c. 应当对公共事务活动进行沟通能力分析和评估。

d. 国防部公共事务应酌情纳入国家级演习计划期间的联合演习和培训。

e. 国防部公共事务和信息作战应进行协调，以优化效果和国防部目标的实现。

f. 国防部公共事务活动和军民行动应协调，以优化效果和国防部目标的实现。

g. 国防部公共事务和其他公共外交的能力应得到协调，以优化效果和国防部目标的实现。

5. 责任

见附件 2。

6. 可释放性

无限制。

7. 生效日期

2008 年 10 月 15 日。

附件 1　关联文件

(a) 国防部指令 5400.13，“联合公共事务行动”，1996 年 1 月 9 日（特此取消）

(b) 国防部指令 5025.01，“国防部指令计划”，2007 年 10 月 28 日

(c) 国防部指令 5122.5，“主管公共事务的助理国防部长”，2000 年 9 月 27 日

(d) 国防部副部长备忘录，“2006 年四年防务评估战略沟通执行路线图”，2006 年 2 月 6 日

(e) 国防部指令 5160.70，“国防部语言和区域能力管理”，2007 年 6 月 12 日

(f) 国防部指令 5405.3，“拟定公共事务指南的制定”，1991 年 4 月 5 日

(g) 国防部指令 5400.14，“联合公共事务行动程序”，1996 年 1 月 22 日

(h) 国防部指令 5040.02，“视觉信息”，2005 年 8 月 30 日

(i) 国防部指令 5122.10，“美国部队信息服务”，2000 年 11 月 21 日

(j) 国防部指令 O-3600.01，“信息作战”，2006 年 8 月 14 日

(k) 国防部指令 5040.04，“联合作战视觉信息采集计划”，2006 年 6 月 6 日

(l) 国防部指令 5160.48，“国防部公共事务和视觉信息教育和培训”，2004 年 7 月 2 日

(m) 联合出版物 1-02，“国防部军事及相关术语词典”，修订版

(n) 联合公共事务支援分队作战概念，2006 年 5 月 30 日

(o) 国防部副部长备忘录，“网站管理政策和程序”，1998 年 11 月 25

日（经修订）

（p）国防部副部长备忘录，“互动互联网活动”，2007 年 6 月 8 日

（q）国防部副部长备忘录，“跨地区网络政策”，2007 年 8 月 3 日

（r）管理和预算办公室备忘录 05-04，“联邦机构公共网站政策”，2004 年 12 月 17 日

（s）国防部指令 5230.9，“国防部信息公开发布许可”，1999 年 8 月 6 日

（t）国防部指令 8500.01E，“信息保障”，2002 年 10 月 24 日

（u）国防部指令 8500.2，“信息保障实施”，2003 年 2 月 6 日

附件 2　责任

1. 主管公共事务的助理国防部长

a. 根据关联文件（c），对本指令中国防部政策的实施负主要责任。

b. 协调国防部内部以及其他联邦部门和机构的公共事务事宜。

c. 必要时，发布国防部公共事务沟通能力目标，用于规划军事活动的沟通能力策略，以支持美国政府的沟通能力目标。

d. 根据关联文件（d）至关联文件（e）的授权，以及国防部相关指令关联文件（f）至关联文件（u），与参谋长联席会议、军事部门和作战司令部协调，制定支持国防部目标的公共信息、指挥信息、视觉信息、公共事务指导和组织团体参与政策、计划和方案。

2. 主管情报的助理国防部长

a. 与主管公共事务的助理国防部长沟通，就根据关联文件（i）制定和实施信息作战和公共事务协调、同步和消除冲突的政策进行协调。

b. 协调和监督对公共事务的情报支持。

c. 与公共事务专业人员密切合作，确定情报支持和产品的具体需求，并提供情报分析以支持公共事务。

3. 主管采购、科技和后勤的助理国防部长

主管采办、科技和后勤的助理国防部长应协调国防部在支持公共事务能力所需技术开发方面的投资。

4. 主管人事和战备的助理国防部长

a. 确保公共事务专业人员的管理符合美军统一的管理的政策、计划和方案，以及确保有效支持作战、应急计划和准备工作。

b. 确保公共事务专业人员的管理符合政策、计划和总部队管理要求的计划，以确保战时和平时行动、应急计划和准备的有效支持。

c. 与主管公共事务的助理国防部长协调，确保公共事务专业人员能够接触并掌握文化和语言能力，以规划、制定和评估沟通策略。

5. 国防部各部门负责人

a. 组织、资助、装备现役和预备役公共事务运作人员和单位，以支持联合战略能力计划、作战指挥需求和服务需求。

b. 在其组织内分配职责并建立程序，以执行本指示中的政策。

c. 通过培训和模拟计划，通过不同的新闻媒体，培训公共事务运作人员、指挥官和军事部门的成员和 / 或雇员，成功地与公众接触，包括区域行动区的目标人群。

d. 制定并实施教育、培训和演习计划，为公共事务的成功规划、整合、执行和评估提供帮助。

6. 国防部内设各局的负责人

a. 告知公共事务官员重要计划和活动。

b. 联系相关媒体、组织团体参与国防部信息计划；维护司令部赞助的可公开访问的网站；根据关联文件（c）实施国防部信息管理的相关政策。网站必须按照相关政策进行维护，包括关联文件（n）到（t）。

7. 军种部长

军事部长除了应履行本部分第 5 条规定的职责外，还应当：

a. 采用相关的技术，并与之对接，确保公共事务能力足以应对特定实施目标人群和区域合作伙伴。

b. 执行军事部门独有的公共事务计划，以实现国防部目标、军事部门和国防部其他部门的沟通能力目标。

c. 为军校非公共事务人员提供公共事务培训，以增强国防部研究、计划、执行和评估沟通策略的能力；促进媒体关系；改善部门内部沟通能力。

8. 参谋长联席会议主席

a. 必要时，在国家军事指挥中心内，设立参谋长联席会议公共事务运作反应小组，为公共事务运作办公室提供公共事务运作支持。

b. 通过向高级军官提供新闻媒体和公众感兴趣的专业知识，支持国防部解释国防计划和活动。

c. 根据国防部指令 5040.04（关联文件 j）使用联合作战视频资源支持军事活动的计划。

d. 使用后备公共事务资产的计划，以支持动员后备部队的公共信息和指挥信息需求。

9. 作战司令部司令

a. 在各自领域内，为国防部的沟通能力目标提供资源、计划，同步公共事务操作。

b. 将公共事务整合到战略制定、运营计划和整个运营范围的执行中。

c. 制定支持美国政府沟通目标的沟通策略。

d. 将公共事务运作纳入安全合作事务进行处理。

e. 确保公共事务运作与美国大使馆和其他机构间伙伴、非政府组织，以及东道主国家建立联络。作战指挥官应根据关联文件（u），报告这些联络位置所需的所有语言和区域专业能力。

f. 将公共事务运作的能力纳入联合演习和训练。

g. 评估公共事务活动的有效性。

h. 面向联合作战进行公共事务运作，包括媒体关系、组织团体参与，以及恰当的指挥信息计划发布；维护关联文件（n）至（t）中规定的由作战司令部负责建设管理的公共访问网站，并根据关联文件（c）实施国防部信息相关政策。

10. 美国联合部队司令部司令

美国联合部队司令部司令，应被指定为公共事务运作中联合活动的主要负责人，并承担以下责任：

a. 根据关联文件（m），维持和发展联合公共事务工作。

b. 维护联合公共事务标准和要求。

c. 对各作战司令部和部署的联合部队进行公共事务运作相关培训和教育。

d. 与主管情报的国防部长和主管人事和战备的助理国防部长相协调，确保公共事务活动所需的语言、文化和区域熟练程度能力满足关联文件（u）的要求。

11. 国防部法律总顾问

在公共事务规划过程和执行过程中，国防部法律总顾问应就国防部公共事务向国防部长和其他国防部官员提供法律咨询和协助。

附件 3　相关概念的定义

除非另有说明，否则这些概念及其定义适用于本指示。

1. 沟通评估与评价

通过可用来源获得的信息，收集、分析和确定相关机构的公共沟通能力。

2. 组织团体参与

与地理位置相近或有特殊兴趣的人群合作，并通过这些人群所进行的工作，以增进对军事行动和活动的理解支持。

3. 指挥信息

与军事部门成员、文职雇员、承包商、部署的联合部队和国内基地的家属进行沟通的能力，以提高对影响部署部队的目标和重大事态发展的认识。

4. 联合作战视频资源

作战或作战支援行动、人道主义行动和相关和平时期训练活动（如演习、战争游戏和行动）中，军事部门人员的空中、海上和地面行动的视觉信息文件，以支持参谋长联席会议和作战司令部的公共事务运作。

5. 联合公共事务支助元素

美国联合部队司令部的联合授权能力。联合公共事务支持分队通过联合能力发展和训练，协助联合部队指挥官发展公共事务运作能力。在联合部队司令部指挥下，联合公共事务支持分队部署在全世界，以支持联合行动。

6. 公共事务指导

批准的公共事务运作政策、官方声明、对预期媒体问题的回答，以及支持公众讨论具体国防问题和组织团体参与指导。这种指导可以从对特定问题的电话答复到更全面的一揽子计划。《公共事务指南》还涉及管理向公众发布信息的方法、时间、地点和其他细节。

7. 公共信息

根据安全准则，向当地、国家和国际受众传播有关军事活动的文化协调信息的真实、及时和准确的信息的能力。

8. 公共事务

面向国防部感兴趣的外部和内部公众，发布公共信息、指挥信息和组织团体参与信息。公共事务活动通过向国内、国际和内部受众传播有关军事活动的信息，为美国政府战略沟通能力和国防部目标作出贡献。作为一项指挥职能，公共事务是满足国防部公共信息和沟通能力需求的一项重要作战能力。

9. 可公开访问的网站

Internet 媒体、服务、支持技术和系统的集合，无须访问控制就可供无限的用户使用。公开访问的网站不应包含任务数据，但如果网站任务是通知公众，则可能包含与任务相关的数据。

10. 视觉信息

使用一种或多种有声或无声视觉媒体，包括静态摄影、电影摄影、视频或音频记录、图形艺术、视觉辅助工具、模型等，进行视觉呈现服务和支持。

国防部指示 DoDI 5400. 4

发布日期：2009 年 3 月 17 日

国防部向国会提供信息

1. 目的

a. 根据 DoDD5142. 01（关联文件 b）的授权，重新发布国防部指令 DoDI 5400. 4（关联文件 a）作为国防部指示。

b. 制定国防部向国会提供机密和非机密信息的政策和程序，明确国防部响应国会信息请求的责任。

2. 适用范围

a. 适用于国防部、军事部门、参谋长联席会议主席办公室和联合参谋部、作战司令部、国防部监察长办公室、国防机构、国防部现场活动和国防部所有其他组织实体（以下简称统称为“国防部部门”）。

b. 不包括管理和预算办公室通知 A-19（关联文件 c）、国防部指令 DoDD 5118. 03（关联文件 d）、国防部指令 DoDD 5145. 1（关联文件 e）和国防部指令 DoDD 5500. 01（关联文件 f）所涵盖的法律程序，但包括国防部主计长 / 首席财务官认定的与拨款有关的事项。

c. 本指示中的任何内容均不得解释为妨碍国防部监察长根据 1978 年《监察长法》（经修订）履行其职责。

d. 本指示不适用于国防部向国会提供情报及情报相关信息。提供此类信息，需要受总统指示或国防部主管情报的助理国防部长办公室、管理和预算办公室和国家情报局长办公室之间，已经商定形成的其他政策和程序约束。

3. 定义

下列概念及其定义适用于本指示：

a. 预算理由书。国防部按照国会的指示，遵循规定的格式编制的材料，详细解释和证明国防部预算制定的缘由。

b. 执行会议证词。在国会非公开听证会上所做的证词，听证会的笔录可能包含需要保护涉密等级的信息。

c. 记录插入。扩大和/或补充国防部准备列入国会听证会记录的信息。

d. 准备好的声明。由国防部准备的一份声明（包括补充材料），在公开会议或执行会议上提交给国会委员会。

e. 备案问题。由国会议员提出的问题，由国防部回答，列入国会听证会记录。

4. 政策

国会获得所需的所有政府计划和运作的充分信息，对美国政府的正常运作至关重要。为此，国防部的政策是：

a. 向国会议员、国会委员会及其工作人员提供有关其业务和活动的信息。

b. 根据国防部 5200. 1-R（关联文件 h）的规定，未向公众提供的信息将按照本指示附件 3 第 6 段的规定提供给国会。

5. 程序

详见附件 3 至 6，其包括：对为国会准备的声明进行协调、安全审查和批准；对国会请求、询问和调查的响应；处理国会记录；处理记录插入和备案问题。

6. 可发布性

本指示经批准公开发布。

7. 生效日期

此指示立即生效。

附件 1　关联文件

（a）国防部指令 5400. 4，“向国会提供信息”，1978 年 1 月 30 日（特此取消）

（b）国防部指令 5142. 01，“主管立法事务的助理国防部长”，2006 年 9 月 15 日

（c）管理和预算办公室通告 A-19，“立法协调和批准”，1979 年 9 月 20 日修订

（d）国防部指令 5118.03，“国防部主计长 / 首席财务官”，1997 年 1 月 6 日

（e）国防部指令 5145. 1，“国防部总法律顾问”，2001 年 5 月 2 日

（f）国防部指令 5500. 01，“准备、处理和协调立法、行政命令、公告、意见函和证词”，2007 年 6 月 15 日

（g）1978 年总检察长法，经修订

（h）国防部 5200. 1-R“信息安全计划”，1997 年 1 月 14 日

（i）国防部指令 5230. 29，“公开发布国防部信息的安全和政策审查”，2009 年 1 月 8 日

（j）国防部副部长备忘录，“国会证词协调和批准程序”，2007 年 3 月 3 日 [1]

（k）国防部指令 5400.07，“国防部信息自由法案计划”，2008 年 1 月 2 日

（l）国防部 5110. 4-M，“书面材料手册”，2004 年 3 月 2 日

（m）国防部指令 5122. 05，“主管公共事务助理国防部长”，2008 年 9 月 5 日

附件 2　责任

1. 主管立法事务的助理国防部长

a. 协调并支持国防部国会听证会相关材料的国会发布，但拨款相关听证会材料除外。主管立法事务的助理国防部长是接收授权听证相关材料的中心点，应在部门内协调这些材料，并在必要时将其发送给国会。

b. 监督管理国防部立法调查的政策和活动，包括与国会联络以协调国防部的反应。以此身份，主管立法事务的助理国防部长应通知国防部相关人员此类调查的状态（影响预算和拨款，以及与财务事项相关的调查除外）。

2. 首席财务官

a. 指导国防预算的制定和列报，与国会就预算和财政事项进行互动，包括就这些事项进行立法调查。

b. 协调并支持国会公布国防部拨款相关听证材料。首席财务官是收到拨款相关听证材料的中心点，应在部门内协调这些材料，并在必要时转交给国会。

3. 国防部总法律顾问

国防部总法律顾问应制定国防部立法计划，并协调国防部在立法和行政命令方面的立场。

4. 主管公共事务助理国防部长

主管公共事务的助理国防部长应审查对国会询问、请求或其他可能导致发布具有重大公共事务影响的信息的传递与答复。

5. 主管情报的助理国防部长

主管情报的助理国防部长应在必要时协调国防部与情报有关的听证材料。

6. 国防部各部门负责人

a. 与主管立法事务的助理国防部长协调所有证词和陈述草案；根据国防部指令 5230. 29（关联文件 i）获得国防部安全审查办公室的批准；通过国防部立法顾问办公室获得管理和预算办公室的批准备忘录。未定密的证词草案应在不迟于预定出席国会的前 3 天，通过电子邮件发送至国防部立法顾问办公室 OLCTestimony@dodgc.osd.mil。

b. 根据举行听证会的国会委员会规定的截止日期，编辑他们各自的绩效报告单、记录插入和备案。

c. 及时向国会议员、国会委员会及其工作人员提供最大限度的信息，并与他们充分合作。

d. 在不违反本指示附件 4 规定的前提下，尽可能完整地回复选民致国会议员的信函，根据关联文件（h）对符合国防利益的官方信息进行定密，并根据国防部指令 DoDD5400. 7（关联文件 k）对官方信息进行限制。

e. 国防部各部门应向主管立法事务的助理国防部长提供与国会调查有关的所有直接书面信函的副本。

附件 3　协调、保密审查和批准为国会准备声明的程序

1. 事先准备好的声明

a. 在国会委员会作证或处理国会请求的国防部人员，应根据关联文件（h）和关联文件（k），保护某些类型的信息不被公开披露。

b. 如果要以书面形式提交证词，则证词应包含一个总体涉密级别，以根据关联文件（h）指定必要的安全保护。

c. 如果要口头作证，应将涉密级别和保护敏感部分不被公开披露的要求，事先告知国会有关委员会。

d. 应尽可能遵守国会各委员会就编制和交付报表而制定的程序。当国防部证人使用书面陈述时，该陈述应在证人出庭前 2 天，或根据该委员会的规则提交委员会。

2. 提交准备好的报表

准备好的报表应在提交给国会委员会的日期之前，并在提交给国防部立法顾问办公室之前的 5 个或更多工作日，以电子方式提交给国防部安全审查办公室。第号 1790DD 表，即“准备好的证词审查”表格，应用于将陈述提交国防部安全审查办公室审查和批准。表格应由军事部部长或国防部部门负责人授权的官员签署，以证明信息未经保密且符合国防部政策。

3. 协调管理和预算办公室

在完成内部协调和安全审查后，在行政部门外发布之前，国防部所有

部门（除军事部门和国防部监察长办公室外）提出的国防部证词，应在国会听证会前不迟于 3 天，根据关联文件（j）提交给国防部法律顾问办公室，以便与管理和预算办公室协调，根据关联文件（c）获得批准。

4. 管理和预算办公室第 A-19 号通告规定

关联文件（c）第 7 段中的例行提前许可要求，仅适用于处理未决立法或包含具体立法建议的国防部证词。在没有向管理和预算办公室提交请求的情况下，不需要批准证词：

a. 在不寻求国防部对具体立法的立场的监督听证会期间提供；或

b. 以与国防部以前在同一届国会通过的关于这类立法的正式报告相同的方式，表达对未决立法的官方意见。

5. 管理和预算办公室协调和批准程序

a. 根据关联文件（j），完成的拟议书面陈述的副本，将通过国防部立法顾问办公室主任，以电子方式发送给管理和预算办公室，并附上预计听证日期和时间的简短陈述。同时，还应当向主管立法事务的助理国防部长提供一份电子邮件副本和拟议声明的电子副本。

b. 国防部立法顾问办公室将在协调结束时，经国防部各部门同意，向管理和预算办公室提供一份最终证词副本，其中包括管理和预算办公室批准所需的所有变更。

6. 安全

a. 涉密信息需要安全保护的，只能在非公开会议上作证。这些证词的笔录只有在国防部安全审查办公室审查，并由举行听证会的国会委员会主席批准才能发布。

b. 所有这些笔录应在转交国防部安全审查办公室之前，由证人进行安全审查、校对和更正。

c. 为正式陈述而准备的书面陈述、预算理由书和提供给国会委员会的其他材料，可能作为国会听证会公开记录的一部分，也需要国防部安全审查办公室根据关联文件（j）进行审查和批准。

d. 提供给委员会的补充、备份和关联文件资料，将不会被公布，也不会成为证人需要回答的问题，通常不需要国防部安全审查办公室的审查。

e. 根据关联文件（h）的规定，提交供审查的材料中符合“仅供官方使用”标记的部分，必须按照关联文件（h）的要求进行指定，并附有对“仅供官方使用”的详细解释。指定为“仅供官方使用”的材料，不得发布给选民或公开发布。

f. 根据要求，国防部各部门应在审查与其职责范围相关的材料时，向国防部作战勤务官提供及时、全面的指导和协助。

附件 4　回应国会的要求、询问和调查

1. 响应

a. 根据国防部 5110. 4-M（关联文件 1）的规定，对所有国会询问和请求的答复应尽可能迅速、迅速。

b. 如果对请求的答复不适当地推迟，则应对推迟的原因进行具体说明，并应说明预期的完成日期，以及为获得所要求的资料而采取的步骤；如果确定的完成日期不能确定，则应在说明中对这种情况作出解释。

c. 如果对是否可以向国会成员或委员会提供特定信息有疑问，国防部应向国会提出请求，在请求中说明将以国防部可接受的替代答复方式（如简报）提供信息。

d. 主管立法事务的助理国防部长应了解任何此类情况，以确定向国会提供信息的替代方法是否必要。

e. 如果不接受替代答复，则不得以替代答复方式向国会议员提供所需信息，除非得到国防部相关部门负责人或国防部长的明确批准。

f. 最后拒绝国会委员会的决定，必须通过负责立法事务的助理国防部长，征得国防部长的同意，国防部长应负责确保总统或其指示的所有程序要求得到遵守。

g. 国会议员要求其选民提供的信息，应按照本指示附件 3 第 6 条的规定进行传播限制测试，处理方式应与议员直接写信给国防部的方式相同。如果不能公布信息，应立即将这一事实和作出决定的理由通知要求提供信息的成员。

h. 国会对现任和前任国防部人员（包括服务人员）的文件和采访请求或传票，都应当与国防部立法顾问办公室协调。

2. 致国防部长或国防部副部长的书面复函

a. 应在华盛顿总部服务部执行事务局指定的日期之前，向国防部长或国防部副部长提供对国会信函的完整回复。

b. 如果所要求的信息不易获取，或其数量及复杂性妨碍在指定日期前作出完整答复，则应立即通过临时答复告知请求人何时提供信息。

c. 根据关联文件（1），提出的延期应提交给华盛顿总部服务部执行事务局。

3. 国会调查

a. 主管立法事务的助理国防部长负责监督国防部立法调查的合规性，包括与国会联络以协调国防部的应对措施，并随时向国防部相关人员通报此类调查的状态（影响预算和拨款以及与财务事项相关的调查除外）。

b. 国防部各部门应向主管立法事务的助理国防部长提供与国会之间与此类调查有关的所有直接书面通信的副本。

4. 公开发行

根据国防部第 5122. 05 号指令（关联文件 m）的规定，对可能导致发布具有重大公共事务影响的信息的国会询问、调查或其他传单的回复，将事先与主管公共事务的助理国防部长协调。

附件 5　处理国会笔录

1. 对笔录进行修正

国防部证人在国会委员会执行会议上作证后，委员会向主管立法事务的助理国防部长提供证词的速记笔录。如果是拨款委员会负责的听证，则笔录应提供给国防部首席财务官。对笔录进行修正包括以下工作：

a. 纳入必要的编辑更正。通常，证人的编辑会涉及语言或标点符号的变化，旨在纠正语法错误或数字中的明显错误。

b. 如果考虑公开发布，则应当在公开发布前删除涉密信息和敏感信息。

2. 笔录的协调与监控

a. 主管立法事务的助理国防部长或国防部首席财务官，应填写并附上第 1587 号 DD 表，即名为“国会审查笔录表”，确定修正笔录的截止日期，并将所述笔录转交给证人的上级部门进行初步审查。

b. 主管立法事务的助理国防部长或国防部首席财务官，将把笔录转发给相应的国防部部门。为了迅速处理笔录，对交还笔录的时间应当进行明确限制。

c. 在审查过程中，主管立法事务的助理国防部长或国防部首席财务官，将监控所有笔录的状态，以及国防部各部门代表与国会审查笔录修正者之间的接触情况。

3. 笔录的安全审查

a. 根据关联文件（h）的规定，保证安全分类为涉密的信息用“[]”标记为删除。

b. 安全删除必须尽可能具体。

c. 如果整篇文章需要删除，括号将清楚地表明删除的程度。标记为从执行会议记录中删除的信息必须反映出一致和可辩护的立场。

d. 不需要用替代的非保密语言来连接删除。

4. 笔录的最终审查和结清

a. 编辑和初步安全审查完成后，监督办公室将立即确保笔录（连同相关的第 1587 号 DD 表格）转交给主管立法事务的助理国防部长或国防部首席财务官（视情况而定），以便转交给国防部安全审查办公室进行最终审查和批准。

b. 国防部安全审查办公室应使用红色标记作出最终安全决定，并酌情将笔录交回主管立法事务的助理国防部长或国防部首席财务官，以便按照相关委员会的个别要求进行处理，包括删除机密材料。一些委员会提供两份笔录副本，两份都必须归还：一份用于公开出版，删去所有机密材料；一份委员会文件副本，其机密区域用红色括号标明。填妥的笔录将由主管立法事务的助理国防部长或国防部首席财务官（视情况而定）返还给委员会。

附件 6　处理记录插入和问题备案

1. 分配记录插入和问题备案

a. 主管立法事务的助理国防部长和国防部首席财务官从国会委员会接收记录插入和问题备案，并酌情将其分配给国防部各部门。

b. 将由主管立法事务的助理国防部长或国防部首席财务官（视情况而定）向国防部长和副国防部长分配记录插入和问题备案。

c. 所有其他《记录插入》和《问题备案》的分配，将根据国会成员在各自听证会的笔录记录或国会委员会向国防部发送的《问题备案》中的指示进行。

d. 个别记录插入和问题备案的电子文件将发布在国会听证会报告要求跟踪系统网站上。

（1）机密材料不得发布（或上传）至国会听证会报告要求跟踪系统。

（2）所有机密材料传输必须通过安全渠道进行。

e. 主管立法事务的助理国防部长或国防部首席财务官（视情况而定），将通知国防部各部门每一项新分配的记录插入和问题备案。

f. 国防部各部门将监测和下载指定的记录插入和质量保证报告。

2. 记录插入和问题备案的安全审查

a. 所有对记录插入和问题备案问题的回答，都将接受国防部安全审查办公室的安全和政策审查，以确保没有机密信息，并根据关联文件（h）和关联文件（i），确保与国防部政策的一致性。

b. 未经国防部安全审查办公室审查，不得将记录插入和问题备案提交国会委员会。

（1）必要时，国防部安全审查办公室将通知提交材料的国防部机构，出于安全原因考虑，必须从记录插入和问题备案问题中删除的信息。

（2）审查完成后，国防部安全审查办公室将酌情向主管立法事务的助理国防部长或国防部首席财务官发送已结清的记录插入和问题备案。

3. 转交国会

主管立法事务的助理国防部长或国防部首席财务官（视情况而定），将把所有经过适当处理并结清的记录插入和问题备案发送给相应的国会委员会。

4. 限制公开发行

听证会上提出的信息，在国会委员会公布或经委员会许可前，不得向公众公布。这方面的重要性怎么强调也不过分。